歌舞伎さんぽ

KABUKI
WALK

小田豊二・文
タムラフキコ・絵

柏書房

はじめに

いまから二十一年前のことである。

亡くなった十八代目中村勘三郎丈《なかむらかんざぶろうじょう》が、まだ勘九郎《かんくろう》だった時代、私は彼と両国橋の上にいた。彼がNHKの大河ドラマ『元禄繚乱《げんろくりょうらん》』で主人公の大石内蔵助《おおいしくらのすけ》を演じるにあたって、吉良《きら》邸があった本所松坂公園を見に出かけた帰りだった。

私たちが両国橋をゆっくりと渡りはじめ、ちょうど橋の真ん中あたりに来た時、彼は突然、立ち止まり、欄干に両手をついて、手の甲に顎《あご》を乗せ、川面を見下ろした。下には、陽の光を浴びながら、船が行き来していた。

「『鋳掛松《いかけまつ》』っていうお芝居、知ってる？」

彼は、振り返り、私に聞いた。私が首を横に振ると、続けた。

「最近、あまり演《や》らなくなったから、知らない人も多いと思うけど、河竹黙阿弥《かわたけもくあみ》の作品でさ、僕はとっても好きなお芝居だな。

貧しい鋳掛屋の松五郎が、ある日、通りかかった花水橋から、いまみたいに橋の下をゆったり流れる大川《おおかわ》を眺めていたんだ。鋳掛屋って、わかる？　鍋とか釜の底に穴があいてると、その穴をふさいであげる商売。儲《もう》かんないよなあ、そんな仕事。それでさ、松五郎がこうやって下を見ているとさ、行き交う舟の中に、真昼間、お妾《めかけ》を乗せて楽しそうにいちゃいちゃ舟遊びをしている商人がいたんだな」

勘九郎丈も、鋳掛屋の松五郎になりきっていたのか、川面を見ながらつぶやいている。後ろにいては聞こえないから、私も欄干に両肘《りょうひじ》をついた。

「松五郎はさ、急に自分が毎日、毎日、真面目《まじめ》に働いているのが馬鹿馬鹿しくなっちゃってさ、こんなセリフを言うんだよ。『鍋釜鋳掛をしていちゃあ、生涯できねえあの栄耀《えよう》、ああ、あれも一生、これも一生』。そう言ってさ、自分の商売道具の鋳掛道具をいっぺんに大川に投げ込むんだ」

そして、彼は顎を上げ、両手を欄干から離すと、突然、歌舞伎座の舞台の上にいるかのように、鋳掛松に完全になりきり、歌舞伎調の節《ふし》回しで、大声でこう叫んだ。

「こいつあ、宗旨《しゅうし》を変えにゃあならねえ！」

橋の上ですれちがった人は、驚いたにちがいない。普段着姿とはいえ、突然、人気役者の中村勘九郎が目の前で、見得《みえ》を切ったのだから。そして、何事もなかったように、私にこう言った。

「鋳掛松は、そう言ってその日から悪人になるというお芝居なんだけど、なんか、鋳掛松の気持ちがわかるような気がしない？」

それから十四年後の平成二十四（二〇一二）年十二月五日、彼は亡くなった。

しかし、私はいまでも両国橋を見ると、あの時の彼の溌剌《はつらつ》とした仕草と声を思い出し、胸が熱くなる。

本所松坂町からの帰り、橋にさしかかったあの時、彼の脳裏にいったい何が閃《ひらめ》いたのだろうか。

思えば、歌舞伎の演目には、それぞれ、「ゆかりの場所」がある。山があり、川があり、城があり、お屋敷がある。寺社もあれば、遊郭もある。橋があり、道がある。

今日もまた、あの時の中村勘九郎丈と同じように、多くの歌舞伎役者たちがそのゆかりの地を訪ねたり、墓を参り、神社を詣《もう》でたりして、私たちが知らないところで無心に役作りをしているにちがいない。

これは、あの時、元気だった彼に捧げるつもりで、私が一生懸命、歌舞伎の愉しみを伝えようと試みたと同時に、演目にゆかりのある場所を探し、訪ねてみた本である。

「勘三郎さん、こんなところに、こんな石碑が建ってますよ。知ってました？」と語りかけながら……。

折からの、歴史散歩ブーム。

ぜひ、この本を参考にして、さまざまなスポットを歩きまわり、きっと訪れたであろう歌舞伎役者たちの息吹に触れていただきたい。

歌舞伎さんぽ。

ひょっとすると、訪ね歩いているうちに、ゆかりの地を訪れる若い歌舞伎役者と出会うかもしれない。

その時、こう声をかけてあげよう。

「芸熱心ですね」と。

きっと話が弾《はず》み、あなたにとって、そこは、一生忘れることのない場所にもなるに決まっているから。

ちなみに、私は「鋳掛松」を、まだ一度も見ていない。

二〇一九年八月吉日

小田豊二

目次

写真提供：木更津市観光協会（17、18、19ページ）
久喜市観光協会（130、131ページ）
株式会社 新正堂（26ページ）

※記載の情報は二〇一九年七月現在のものです。

第一章　歌舞伎の旅に出よう

いやさ、これ、お富《とみ》 久しぶりだなぁ

与《よ》話《わ》情《なさけ》浮《うき》名《なの》横《よこ》櫛《ぐし》 《切《き》られ与三《よさ》》

人生で「いちばん楽しい瞬間」は、誰にも知られていないふたりだけの秘密を、当人同士がともに語り合っている時である――。
これは、与三郎とお富という、ひと組の男女の、誰も知らない「秘密の恋物語」であった。

主人公のひとり、与三郎《よさぶろう》。元はといえば武士の子。それが、縁あって、子供のいない江戸の大店《おおだな》伊豆屋の養子となった。だが、主人夫婦に実子が生まれた。そうなれば、主人は実の子を跡取りにしたくなる。与三郎がグレはじめる。

それがもとで、与三郎は伊豆屋を追い出され、木《き》更津《さらづ》の親戚に預けられたものの、真面目《まじめ》に働く気などさらさらない。悪所《あくしょ》、色里《いろざと》に入り浸《びた》り。

すると、どうだ。色白で端正な顔、凛々《りり》しい瞳《ひとみ》、そのうえ、江戸前の粋《いき》な仕草と様子の良さ、そして時々悪さをする若き与三郎は、海辺の町の女たちの燃えるような熱い胸の矢の的《まと》。働かなくても、そんな女たちが食わせてくれる。羨《うらや》ましい。

もうひとりの主人公、お富《とみ》もまた、元江戸の女。それも、着物の上に羽織を着て、素足に下駄の辰巳《たつみ》芸者と呼ばれた深川の人気芸者だったというから、ただの美女じゃない。いまは木更津のやくざの親分、赤間源左衛門《あかまげんざえもん》に身請けされた妾《めかけ》とはいえ、その美《び》貌《ぼう》と江戸前のきっぷの良さから、子分たちからも「姐《あね》さん」と慕《した》われていた。

地元の人たちの春の潮干狩《しおひが》りでにぎわう木更津の浜で、折から、松林を通り過ぎる気持ちのいい海風の中、そんな与三郎とお富がすれちがう。ふと、見かわす瞳と瞳……。お決まりの恋のはじまりだ。

ある日、お富は親分の留守を狙って源左衛門の別荘へ与三郎を呼び寄せる――。逢《あ》いたかったよ。だが、しっぽりと濡れる「ふたりだけの世界」の真っ最中、子分に見つかり、知らせを受け、戻って来た親分によって、与三郎は全身を切り刻まれ、瀕《ひん》死《し》の状態で放り出された。

一方、お富は追手の子分たちを逃れ、海に飛び込む。捕まるぐらいなら入水《じゅすい》したほうがいい。そして溺死《できし》寸前、たまたま夜釣りをしていた多左衛門《たざえもん》に救われたのであった。

めぐる月日は三年越《みとせご》し。話は、その三年後のこと。与三郎は、木更津から命からがら生き延びて、いまじゃ、三十四ヵ所の切疵《きりきず》の痕《あと》を売り物にする無頼の徒「切られ与三《よさ》」として悪名を馳《は》せていた。

一方のお富は、助けてくれた多左衛門の妾となり「源氏店《げんじだな》」と呼ばれる粋な黒塀、見越しの松に囲まれた瀟洒《しょうしゃ》な貸家に囲われていた。

多左衛門は質屋「和泉屋《いずみや》」の大番頭。質屋といっても、当時は現在の銀行のような役割を果たしていたから、いってみれば、お富は銀行副頭取の愛人。さて、この多左衛門、囲ってはいたものの、お富を大事に思ってか、あるいは性的不能者か、さらに疑えば、男色か。不思議なことに妾であるお富の身体には一切触れることもなく、たまにお富のために借りてあげた家に、ただ通ってくるだけであった。お富の毎日は金にまったく不自由ない、何をやっても許される悠々自適の「おひとり様」であった。

ある晩――。

湯上がりのお富が自分の部屋に戻って来る。洗い髪のお富、透き通った細いうなじ、その細さに比べ、背から腰にかけての女ざかりの脂が乗ったむちむちした肌から匂い立つ色気、さらには妖艶《ようえん》な下半身。

気がつけば、その色香に迷った「和泉屋」の使用人の藤八《とうはち》が用もないのに上がり込み、お富を口説く。お富が適当にあしらっていると、そこへ、町のごろつき蝙蝠安《こうもりやす》が仲間の与三郎を連れてやって来る。安は、いつもの手口で、与三郎を指さし、「全身疵だらけの可哀相《かわいそう》な身の上、湯治《とうじ》でも行かせてあげたいのでいくらか寄こせ」と強請《ゆす》る。与三郎は、その女をひと目見て、三年前に別れたきりのお富と気づく。そう、与三郎にとっては、あれ以来、もしや死んだかと諦《あきら》め、片時も忘れたことのない女、お富。

一方、目の前にまさか昔の男がいるとは知らないお富は、いつものようにごろつきどもを一分《ぶ》（現在の一万円強）を渡して帰そうとしたその時――。

手ぬぐいで頬《ほお》かむりの疵だらけの与三郎が、お富に声をかける。

「ご新造《しんぞ》さんぇ、おかみさんぇ、お富さんぇ、いやさ、これ、お富、久しぶりだなぁ」

「そういうお前は？」

「与三郎だ！」

この世に「疵」を持たない男などいない。

お富とふたりだけが共有した秘密をあえて口にする与三郎。発する言葉の想いは深く、懐かしく。

「しがねえ恋の情けが仇《あだ》、命の綱も切れたのをどう取り留めてか木更津から、めぐる月日も三年越し、江戸の親には勘当を受け、拠所《よんどころ》なく鎌倉の谷七郷《やつしちごう》は食い詰めても、面《つら》に受けたる看板の疵が勿怪《もっけ》の幸いに、切られ与三と異名を取り、押借《おしか》り強請りも習おうより、慣れた時代の源氏店、その白化《しらば》けか黒塀に格子づくりの囲い者、死んだと思ったお富たぁ、お釈迦《しゃか》様でも気がつくめえ」

揉《も》めているところにやって来たのが、多左衛門。

「そうか、昔の男に逢えたか、それはよかった」と、お富を与三郎に素直に返し、おまけに金も気前よく十分に与え、悪人稼業から足を洗い、ふたりで商売でも始めろと言って出ていった。いい人すぎる。

その多左衛門が帰り際に忘れた財布の中身をふと見て、お富があっとばかり驚いた。なぜなら、その中にお富が小さな時から大事に持ち続けていたのと同じお守りが入っていたからだ。だから、あの人は妾の私に一切手を触れず、最後まで親切だったのか。

「そんなら、おぬしは私の兄さん」

できすぎた話だが、これで、いい男といい女のお芝居は、幕としよう。

知ればもっと面白い！

切られ与三郎のモデルは長唄名人

　こうしてあらすじを改めて書いてみると「めでたし、めでたし」のつまらない話だと思われるが、この芝居は、実際にあった事件をもとにした再現ドラマだったと知ると、俄然《がぜん》、おもしろくなる。

　そのあたりを少し詳しく調べてみることにしよう。

　主人公は、与三郎ならぬ、伊三郎《いさぶろう》。正確に言おう。芳村《よしむら》伊三郎である。

　この芳村伊三郎という名は、知る人ぞ知る江戸長唄の名人が継ぐ芸名で、現代まで続く立派な名跡。長唄の世界には、芳村伊十郎《いじゅうろう》という名人がいるが、その継承者が伊十郎を継ぐ前の名前が伊三郎だといわれている。中村勘三郎《なかむらかんざぶろう》を襲名する前が勘九郎《かんくろう》、市川團十郎《いちかわだんじゅうろう》の前が海老《えび》蔵《ぞう》、尾上菊五郎《おのえきくごろう》の前が菊之助《きくのすけ》、ブリの前がハマチだと思えばいい。

　さて、この事件に登場するのは、その四代目伊三郎である。

　伊三郎は寛政十二（一八〇〇）年、清名幸谷《せいなごうや》（現・千葉県大網白里《おおあみしらさと》市清名幸谷）の紺屋《こうや》の中村家の次男・大吉《だいきち》（大助《だいすけ》とも）として生まれる。若い頃から長唄の三味線や唄に長じ、その美声と粋な様子は地元ではかなり目立った存在だった。もちろん、最初から芳村伊三郎だったわけではない。

　大吉は成人すると、表向きは兄の紺屋を手伝ってはいたものの、親から小遣いをせびっては、家から一時間もかけて大網（現・大網白里市大網）の遊里に通っては、茶屋女たちに美声を披露していたという。

　大吉は、そこでひとりの女を見染めた。名をおきちという。鄙《ひな》には稀《まれ》な小股の切れ上がったいい女。聞けば、茂原《もばら》生まれだという。しかし、おきちは近くの堀畑《ほりはた》（現・大網白里市山口）の親分、山本源太左衛門《げんたざえもん》の囲い者。素人《しろうと》が手を出せるわけがない。

だが、恋は盲目。急激に燃え上がったふたりの恋の炎は親分の怒りに引火し、わかっていて親分の女に手を出してしまった大吉は、源太左衛門の子分たちの私刑に遭い、全身を切り刻まれ、簀巻《すま》きにされ海に放り込まれた。だが、大吉、天の配剤か、奇跡的に江戸の漁師に助けられた。

この大吉がやがて江戸で長唄の唄方となり、その才能が開花。見事に名門芳村家の四代目伊三郎を襲名したのである。

しかし、有名になればなるほど、若い時に受けた、顔をはじめとする全身にわたる無数の疵痕が芸界で知られることとなった。その経緯が講談の材料となり、やがて五代目鶴屋南北《つるやなんぼく》の門下、三代目瀬川如皐《せがわじょこう》によって、この伊三郎とおきちの事件は「与話情浮名横櫛」という歌舞伎になり、一躍人気演目となったのであった。

初演は嘉永六（一八五三）年三月、江戸は中村座で。与三郎を八代目市川團十郎、お富を四代目尾上梅幸《おのえばいこう》が演じている。

四代目芳村伊三郎こと、中村大吉が亡くなって、わずか六年後のことである。

木更津鳥居崎海浜公園

木更津鳥居崎海浜公園

❖千葉県木更津市富士見3-5

木更津市内のこの海浜公園内の松並木の中に「見染めの松」と書かれた看板が立っている。

江戸が恋しい与三郎とお富のふたりが出会った浜辺の松をいまに再現したデートスポット。

与三郎の墓

❖千葉県木更津市中央1-3-5　光明寺内

驚くべきことに、架空の人物であるはずの与三郎の墓がある。これは「拝み墓」といって、中に遺骨はないものの、魂がそこに存在するという考えに基づき、想いを寄せる人たちが拝む墓である。

実際、与三郎を演じる歌舞伎役者は、上演前に必ずこの墓を訪れ、線香と花を供える。よく見れば、十五代目片岡仁左衛門《かたおかにざえもん》丈《じょう》、坂東玉三郎《ばんどうたまさぶろう》丈の角卒塔婆《かくそとば》が誇らしげに墓の脇に立っている。

ちなみに、お富の墓も千葉県茂原の藻原寺《そうげんじ》にあったといわれているが、その後、寺の改修などでわからなくなっている。

与三郎の「魂」が眠る

芳村伊三郎の墓(一)

❖東京都品川区南品川2-8-23　天妙国寺内

「切られ与三」のモデルになった芳村伊三郎の墓は、旧東海道品川宿近くの徳川家ゆかりの寺、顕本法華宗鳳凰山天妙国寺《てんみょうこくじ》にある。墓の正面に「四代目伊三郎」と大きく刻まれ、「弘化四丁未年六月十六日　勇猛院徳翁日進信士　行年四十八歳」と彫られている。

そして、いかにも連れ添うように、女性の戒名が刻まれている。「操立院妙精日護信女　明治十一寅年八月廿九日」。これが「おきち」のことなのかどうか、はっきりとしたことはわからない。

芳村伊三郎の墓(二)

❖千葉県東金市東金1693　最福寺内

東金市の八鶴湖《はっかく》畔の北に位置する最福寺《さいふくじ》にも、四代目芳村伊三郎の墓がある。「切られ与三郎」と彫られた石碑と説明標があるので、すぐにわかる。

この墓が芳村伊三郎こと中村大吉の墓であることを証明するに値する墓が隣接して建っている。それは五代目芳村伊三郎の墓である。この五代目伊三郎は、幕末から明治にかけて実際にいた長唄の名人で、亡くなる前に「わが師、四代目芳村伊三郎の隣りに眠らせてほしい」と最福寺に申し入れたという話が残っていることから、四代目芳村伊三郎の墓はこちらかもしれない。

蝙蝠《こうもり》安《やす》の墓

❖千葉県木更津市中央1−5−6　選擇寺内

与三郎の墓のある光明寺からほど近い選擇寺《せんちゃくじ》に、蝙蝠安の墓がある。

与三郎が芳村伊三郎をモデルとしていたように、蝙蝠安も実在の人物だった。名を山口瀧蔵といい、木更津本町に店を構えていた鬢《びん》づけ油屋「紀ノ国屋」の若旦那。伊三郎と同様に、美声の持ち主で、地元の花柳界では大変な人気者だったらしい。のちの伊三郎、中村大吉とも遊び仲間で、よく遊んだようだ。

人気の理由は、太ももに彫った蝙蝠の刺青であったが、別に強請《ゆすり》などしない。

「蝙蝠安」も、ごろつきも芝居の脚色である。

「蝙蝠安」こと山口瀧蔵も苦笑い？

史跡　玄《げん》冶《や》店《だな》

❖東京都中央区日本橋人形町3−8

日本橋界隈、幕府の医者であった岡本玄冶《おかもとげんや》の屋敷があった一帯を「玄冶店」と呼んだが、「切られ与三郎」の中で、お富が住んでいた場所がここにちなんだ「源氏店」であったことから、一躍、有名になった。もちろん、芝居とは直接関係ない。

和菓子「お富《とみ》與《よ》三《さぶ》郎《ろう》最中《もなか》」

❖千葉県木更津市桜井564

帰途、土産を買うなら、御菓子司「平政」の特製最中「お富與三郎最中」がいい。

鮒が上下《かみしも》をつけて登城致すを初めて見た。鮒だ、鮒だ、鮒侍だ

仮名手本忠臣蔵《かなでほんちゅうしんぐら》 三段目 足利館殿中《あしかがやかたでんちゅう》 松《まつ》の間《ま》刃傷《にんじょう》の場《ば》

「怒りは無謀を以て始まり、後悔を以て終わる」

紀元前六世紀頃のギリシャの哲学者であり、数学者、ピタゴラスの言葉である。

この芝居も、ある地方大名の中央の権力者に対する正当な「怒り」からはじまった――。

この「怒り」――、なんと多くの臣下たちの運命をも巻き込んだ。芝居にして類を見ない十一段にも及ぶ長い物語。

まずは、その経緯から見てみよう。

関東一帯を仕切っている権力者・高師直《こうのもろのお》は、その権力に物言わせ、地方の若き大名・塩冶判官《えんやはんがん》の妻・顔世御前《かおよごぜん》を自分のものにしようと画策している。そして、あろうことか、年甲斐《としがい》もなく、恋文まで送った。

だが、いとも簡単に振られてしまう。しかも、その振られ方がまた、権力者ゆえに屈辱的であった。

いったい、どう振られたのか。

権力者といえども、教養はある。『万葉集』や『古今和歌集』の歌人のように、師直、好きになった女への恋心を和歌に託した。

すると、愛する顔世御前から返歌が届く。いや、うれし、恥ずかし、高師直。だが、師直が釈然としないのは、その和歌が入った文箱《ふばこ》が、あろうことか、愛する女の夫から渡されたことだ。

「はい、これ、私の妻からのあなたへのラブレターの返歌です」とはさすがに言われなかったが、師直

にしてみれば、まさか、夫・塩冶判官から妻への恋文の返事を受け取るなんて思ってもみなかった。

どういうこと？

さすがの権力者も大混乱。しかも、読んでみれば、わが恋の叶《かな》わぬしるし。

「さては、こやつ、手紙を読み、高貴な自分に恥をかかせようと、妻からの断りの和歌をわざわざ自分に手渡したか」と、カーッと頭に血が昇った師直は、塩冶判官がちょっと遅刻したことをネタに、恋文の件など何も事情を知らない判官へ嫌がらせから罵詈《ばり》雑言《ぞうごん》の数々。

「美しい奥方と酒盛りをしていて遅くなったか」とか「それほど奥方が大切なら、明日から来なくていい」とか言ったあと、「総体お手前のようなものを、何やら申したな。おお、井戸の中の鮒《ふな》じゃという譬《たと》えがある」と言い放ち、「大川に流してやると、さあ鮒めが、小さな処《ところ》から大きな処に出たによって、うれしまぎれにあっちへひょろひょろ、こっちへふらふらして遂には橋杭《はしぐい》に鼻柱をぶつけて死ぬ。お前はその鮒だ」とまで言う。

田舎《いなか》大名が江戸城に登城したものだから、自分の詰所もわからぬまま、あっちへまごまご、こっちへウロウロしてるというわけだ。あげくに「おお、顔まで鮒に似て参った、それそれ、そう力んでいるところは、まるで鮒だ」とまで。

そして、最後にこうまで言った。

それも、いかにも憎々しげに。

「アハハハ。師直この年になるまで、鮒が上下をつけて登城致すを初めて見た。コリャコリャ、判官が鮒になられた。アハハハ、こりゃまるで鮒だ、鮒だ、鮒侍だ」

言いたい放題、罵詈雑言。

あらんかぎりの悪口を並び立て、汚い言葉でののしりまくった。

塩冶判官、この師直の憎まれ口が、自分の妻に振られての腹いせの悪口だとわかっていれば、「何とでも言え。人の女房に手を出そうとして。馬鹿だねえ。だいたいうちの女房のようないい女がエロ爺《じじい》に惚《ほ》れるわけがねえじゃんか。はいはい、わかりましたよ。ひと晩じゅう言ってなさい。情けない老いぼ

れよ」と、何とか堪《た》えられたものを、文箱の中身を知らないものだから、師直の悪口雑言をまともに受けてしまった。

これが致命傷。

「本気で言ったのか」

若いとはいえ、伯州《はくしゅう》の城主。

言い返す権利はある。

「ああ、本音だ。本音ならどうする」

その馬鹿にした言い方に、判官思わず、刀の柄《つか》に手を——。すると、師直。

「殿中《でんちゅう》だぞ、殿中だぞ、殿中において鯉口《こいぐち》三寸抜き放たば、家は断絶、ご承知か。ご承知だな。ご承知ならば切られよう。さあ、切らっせい、切らっせい。エエ、切れ、切れ切れ……ムム、謝らっしゃるか。おお、コリャ、判官は泣かしゃるのか、やれ、かわいそうに、馬鹿な侍だ」

おまけに、判官が仰《おお》せつかった今日の祝い事の大事な接待役を「お前ではなく別の大名にさせる」と言い、背を向け廊下を行きかける。まさにパワハラの極致。しかも、この場に及んでお役御免《やくごめん》とは他の大名の笑い者。

それでも屈辱に必死で耐える判官。全身が怒りで震える。とうとう、こらえきれず、袴《はかま》の裾《すそ》を踏んまえ、憎々しい背中に向かって声が出た。

「師直、待て！」

振り返る師直。唇をゆがめ、顎《あご》を突き出し、言う。

「なんだ、まだなんぞ、用があるのか」

「その用は」

「その用は？」

せせら笑いを浮かべる師直。ついに判官の憤怒《ふんぬ》はすべてを忘れさせた。

「おのれエエ！」

判官、刀を抜き、師直に切りつける。

加古川本蔵《かこがわほんぞう》、衝立《ついたて》の陰より走り出て、判官を後ろより抱きとめる。判官、止められるが刀を投げる。その刀が廊下の柱にささる。その間に師直は逃げた。

足利館《あしかがやかた》は大騒ぎ。その日集まっていた大名たちが知らせを聞いて、松の間に集まってくる……。

これが多くの人たちを巻き込んだ長い長い物語「仮名手本忠臣蔵」の発端だった。

知れば もっと 面白い！

◆「いろは」は四十七文字。そこから「仮名手本」！

時は元禄十五（一七〇二）年十二月十四日、播州赤穂《あこう》の浪人・大石内蔵助良雄《おおいしくらのすけよしお》を首領とする元家臣四十七名が亡君・浅野内匠頭長矩《あさのたくみのかみながのり》の恨《うら》みを晴らすため、吉良上野介《きらこうずけのすけ》を討った。

この話が伝わると、江戸庶民は喝采《かっさい》を叫び、翌十六年二月四日、義士たちが切腹するやいなや、興行師たちが、この事件をすぐに芝居化したのはいうまでもない。ただ、事件をそのまま上演してはいけないのが、お上からのお達し。無視すれば座元はもちろん、戯作者《げさくしゃ》や役者たち関係者に「手鎖《てぐさり》」が待っている。

そんな中でも最初に舞台化されたのは、赤穂義士切腹から約二週間後の二月十六日で、江戸中村座において「曾我《そが》兄弟の仇討」に形を変えて上演された。だが、いかにも赤穂の事件とわかる内容だったため、幕府の手によってわずか三日で禁止となった。

その後、さまざまな形で事件は舞台化されたが、決定版になったのが、この「仮名手本忠臣蔵」である。

竹本座作者・竹田出雲《たけだいずも》、三好松洛《みよししょうらく》、並木千柳《なみきせんりゅう》がそれぞれの場面を書き分け、全十一段が完成したのは、討入りからなんと四十六年目の寛延元（一七四八）年のことである。

演目の題名は、赤穂の浪人が参加した数が、偶然にも「いろは」の仮名の数と同じであり、忠臣たちの事績を集め残したという気持ちから「蔵」を用い「仮名手本忠臣蔵」と名付けた。以後「忠臣蔵」という言葉は二百七十年後の現在まで使われている。

◆高師直は「太平記」に登場する実在の武将

作者、竹田出雲たちは、幕府の目を逃れるために、時代を足利尊氏《あしかがたかうじ》の室町時代に設定し、近《ちか》松門左衛門《まつもんざえもん》がこの事件の五年後に書いた浄瑠《じょうる》璃《り》「碁盤太平記《ごばんたいへいき》」に則《のっと》って脚色した。

したがって、登場人物も近松の「碁盤太平記」に出てくる塩冶高貞《たかさだ》、顔世御前、高師直、大星《おおぼし》由良助《ゆらのすけ》、大星力弥《りきや》などを使用している。

近松の書いた「碁盤太平記」の前編「兼好法《けんこうほう》師《し》物見車《ものみぐるま》」では、高師直が、塩冶高貞の妻に横恋慕《よこれんぼ》し、恋文を『徒然草《つれづれぐさ》』の作者吉田兼好《よしだけんこう》に書かせ、これを送ったが拒絶され、それに怒った師直が高貞に難題をふっかけることから物語がはじまっている。

「仮名手本忠臣蔵」の三段目は、その場面を脚色し、吉良上野之介を高師直、浅野内匠頭を塩冶判官として、内容はまさに「松の廊下」における刃傷《にんじょう》事件の再現ドラマである。

ちなみに、高師直は、実在の人物である。足利尊氏が征夷大将軍に任じられ、室町幕府を開くと、将軍家の執事として絶大な権力を誇った武将である。

特に高師直の戦功は、幕府軍の難敵、楠木正《くすのきまさ》行《つら》を自決に追い込んだことである。それにしても、墓の下の高師直、まさか、自分の名前が後世に、忠臣蔵の「憎まれ役」となって登場するとは思ってもいなかったに違いない。

当時の歴史を刻む江戸城の石垣

松之大廊下跡の碑

❖東京都千代田区　皇居東御苑内

東京の中心、皇居の中に、忠臣蔵の事件の発端となった江戸城松の廊下があったとされる碑が建っている。

この江戸城本丸、二の丸跡は東御苑として一般公開され、自由に入れる。本丸跡を歩いていくと、木々の中にその碑と説明の看板がある。

この事件の発端になった「松の廊下」はＬの字形になっていて、本丸で二番目に長い畳敷の廊下だったといわれ、西へ約十九メートル、北へ約三十一メートル、幅はなんと約五メートルもあったと伝わっている。

そこで起こった、絶対にあってはならない、殿中での刃傷事件——。

「おのれェェ！」

この場に立つと、約三百二十年前のひとりの大名のすさまじい「怒り」のマグマがいまもなお、地を這《は》うようにして伝わってくる。

刃傷事件に思いをいたしてみては

浅野内匠頭が預けられていた上屋敷跡

❖東京都港区新橋4―27―2　新正堂

江戸城松の廊下で刃傷沙汰を起こしてしまった浅野内匠頭はお上の沙汰が出るまで、田《た》村《むら》右《う》京《きょう》太《だ》夫《ゆう》の上屋敷に預けられた。

その屋敷はどこだろうと調べてみると、大正元（一九一二）年創業の老舗和菓子店「新《しん》正《しょう》堂《どう》」になっていた。

江戸城からここに連れてこられた時の浅野内匠頭の心情はどうだったのだろうと思うと、胸が痛くなる。

お家断絶は必定《ひつじょう》。家臣たちはすべて明日から主なき、浪人の身の上になる。

それにしても、塩冶判官、重ね重ね悔しいのは、なぜ、あの時、師直を討ち殺せなかったのかということだ。

語《かた》り部《べ》菓子を食べながら、「忠臣蔵」の話に思いを馳せてはいかがだろうか。せっかく屋敷跡の和菓子店に入ったのだから、と店の人気商品「切腹最中」を購入するといい。

現在は屋敷の面影はない

あとにながらえ、死後の弔《とむら》い頼むぞや。おかる、さらばじゃ。

仮名手本忠臣蔵《かなでほんちゅうしんぐら》 戸塚山中の場《とつかさんちゅうのば》 道行旅路の花婿《みちゆきたびじのはなむこ》

世の中には、取り返しのつかない「決して許されない失敗」が存在する。歌舞伎におけるこの一場面は、ある若き侍の、取り返しのつかない「失敗」による凄《すさ》まじいほどの「恐ろしさ」を後世に伝え残したものである。

主人公は、塩冶判官《えんやはんがん》に仕えていた若き武士・早野《はやの》勘平《かんぺい》と、判官の妻・顔世御前《かおよごぜん》のお付きの腰元・おかる――。

その日、おかるは浮き浮きしていた。なぜなら、恋する勘平と逢《あ》えるからである。その日とは、主君・塩冶判官が足利館における管領《かんれい》・足利直義《ただよし》公の接待役として桃井若狭之助《ももいわかさのすけ》とともに選ばれ、高師直《こうのもろのお》に作法の指導を受けるために参上する日であった。

桃井の家臣・加古川本蔵《かこがわほんぞう》は師直を憎々しく思っていたが、それをぐっと抑え、若い主君・若狭之助が無作法のなきよう、前もって師直に賄賂《わいろ》を贈り、指導のほどよしなに、と頼んでいる。

だが、塩冶は根回しをしなかった。そこに「失敗」が重なった。

最初の失敗は、顔世御前の思慮の浅さであった。判官の妻である顔世御前にあろうことか、時の権力者高師直が横恋慕《よこれんぼ》をしたことは書いた。

顔世がそれをきっぱりと断る返歌を書いたままではいい。問題は、それをどうやって、師直に渡すかである。師直はいまかいまかと色よい返事を待っている。しか

も、師直は、顔世にとっても夫・判官の殿中《でんちゅう》における初めての大役を指導監督する立場の人。

そんな相手に、いつ、どこで「私には夫がおりますので、あなたのお気持ちは受け取れません」と言ったらいいのか――。ひとつ間違ったら、大変なことになることは誰だってわかるだろう。ここにおいて、夫の立場を考えたら、まさに、失敗は許されないのである。にもかかわらず、顔世は腰元・おかるに事情を話してしまった。

すると、おかるは判官に付き添っている勘平に断りの返歌の入った文箱《ふばこ》を渡し、勘平から判官、判官から高師直に渡してもらえばいいと言った。

ここで、おかるも失敗する。なぜなら、腰元風情《ふぜい》が図らずもそんな大胆な提案をしたのも、好きで仕方がない勘平にただただ逢いたいがためである。文箱を渡す用が生まれれば愛する男に堂々と逢える。恋する女の浅知恵。自分のことしか考えていない。

表面上は和歌の添削《てんさく》ということにはなっているとはいえ、本来、秘密でなければならない恋文の返事を、堂々と夫から相手に渡せとは……。

おかるは夜、塩冶の家紋のついた提灯《ちょうちん》を下げ、供《とも》奴《やっこ》を連れ、いそいそと足利館に、塩冶判官とともにいる勘平を訪ねる。

「そこに居《い》やるは、おかるじゃないか」

「勘平さんか、逢いたかったわいな」

おかるは事情を話し、文箱を勘平に渡す。返歌の入った文箱は勘平から茶坊主を経て判官に。そして文箱の中から短冊が師直の手に。読む、師直。

「さなきだに重きが上の小夜衣《さよごろも》　我が夫《つま》ならでつまな重ねそ」

美しい言葉を並べてはいるが、露骨な拒絶の返歌。

ムーッと怒りが全身に広がる師直。

「判官殿、お手前、この歌ご覧《ろう》じたか」

「承《うけたまわ》るは今が初めてでござる」

これは、どう考えても大きな失敗だろう。師直にしてみれば、穴があったら入りたい。恋文を送った女の夫が目の前にいて、拒絶の手紙を人前で渡されたのと同じだから。権力者師直の立場がない。

さらに、失敗は続く。

勘平は、ずっと判官についていなければいけないお役目なのに、ふと、おかるに逢いたい一心で、隙を見計らって館《やかた》の外で、しばし夜のしのび逢い。

「おのれエェ!」

その間に起こった殿の刃傷《にんじょう》事件――。館内は大騒ぎ。門が閉められる。立ち騒ぐ表御門裏御門、提灯ひらめく大騒ぎ。早野勘平、うろたえながら走り帰って裏御門、砕けよ破《わ》れよと打ち叩き、

「塩冶判官の身内、早野勘平、主人の安否心許《こころもと》なし、ここを開けろ、早く早く!」

しかし、門は開かない。館内より無情の声あり。

「喧嘩《けんか》の次第相済んだ。塩冶判官閉門仰《おお》せつけられ、網乗物にてたったいま、帰られし」

主人の一大事の場に居合わさず、しかも色に耽《ふけ》った大失態。これこそ、取り返しのつかない「決して許されない」大、大、大失敗であった。

もうこれまでと切腹をしようとしたところをおかるに止められ、「ひとまず、私が郷里へ」

その途中、戸塚山中で、勘平はやはり死を決心する。夜が明け、朝の光の中、あたりは一面、菜の花畑。遠くに富士が見える。勘平の気持ちと裏腹にのどかな風景。おかるは矢絣《やがすり》の着物に、御殿女中の拵《こしら》え、勘平は黒の紋付《もんつき》に着流し。勘平はあまりの失態ゆえ、落ち込み、血を吐く思いでこう叫ぶ。

「主君の大事を余所《よそ》にして、この勘平はとても生きてはいられぬ身の上、そなたはいわば女子《おなご》のこと、あとにながらえ、死後の弔《とむら》い頼むぞや、おかる、さらばじゃ」

おかるは必死で「あなたが死ねば、私も死ぬ。そうしたら世間はただの心中だと思う。とにかく今は私の実家に帰り、生きて恥をそそぐ機会を待ちましょう」と説得する。

ようやく納得する勘平。これが六段目「勘平腹切の場」の名セリフ「色に耽ったばっかりに……」へと続く伏線になる。

ふたりが見上げる空に烏《からす》が二羽。折から鳴る時の鐘。ドドドドド……。山おろしの寒風が吹く。

〽先は急げど、心は後へ。お家の安否いかがぞと、案じ行くこそ、道理なれ〜

清元《きよもと》連中の唄で、失敗が失敗を呼んだ「大失態」の場は、幕となる。

知ればもっと面白い！

勘平のモデルは萱野三平。だが話はまったく関係ない

勘平もおかるも、モデルはいるが、実際は作者たちが名前を借りただけで、おかる勘平の物語は、完全なるフィクションである。

　早野勘平のモデルとなったのは、萱野三平重《かやのさんぺいしげ》実《ざね》。十三歳の時、播州赤穂《あこう》城主・浅野《あさの》内匠頭《たくみのかみ》長《なが》矩《のり》の小姓《こしょう》として側近となる。

　元禄十四（一七〇一）年三月十四日、主君浅野内匠頭が江戸城松の廊下で刃傷事件を起こした時、事件の第一報を早水藤左衛門《はやみとうざえもん》とふたり、江戸より早駕籠《はやかご》で四日半という短時間で赤穂城にいた大石内蔵助に報告した。

　途中、生家の門前を通過する際、母・こまんの葬式に出会うが、いまは主君の一大事、と母の冥福《めいふく》を祈りながらそのまま駕籠を飛ばしたといわれている。

　浅野家断絶後、他の家臣が浪人となったにもかかわらず、父親の力でその地の領主・大野氏に出仕。大野家の家臣に取り上げられる。だが、やはり、自分だけぬくぬくと生きていてはと、討入り前の元禄十五（一七〇二）年一月十四日、実父と大石宛に詫《わ》び状を残し、主君の月命日に自刃《じじん》。まだ、二十八歳の若さであった。

　摂津国萱野郷（現・大阪府箕面《みのお》市）にある三平の生家は、長屋門の土塀の一部が残されている。自陣部屋などが当時のままとされ、三平の俳号涓泉《けんせん》を冠した萱野三平記念館「涓泉亭」として、公開されている。

　晴ゆくや　日ころ心の　花曇り

　萱野三平、辞世の句である。

　一方、おかるも、実在した女性で、大石内蔵助が京都山科《やましな》に囲った愛妾《あいしょう》で、京都二条寺町の二文字屋次郎左衛門《にもんじやじろうざえもん》の娘・阿軽とも於可留ともいわれる。大石が江戸に向かう時、実家に帰されたといわれている。

お軽勘平戸塚山中道行の場の碑

❖神奈川県横浜市戸塚区原宿

旧戸塚宿から大坂という急坂を上ると、老人ホームの前に「お軽勘平戸塚山中道行の場」の碑がある。

それにしても、おかると勘平のふたりは、江戸城からここまで、よく東海道を歩いてきたものだと思われるが、考えてみれば「仮名手本忠臣蔵」の舞台は、鎌倉。鎌倉から戸塚までなら何とか数時間で歩ける。

もちろん、この話はフィクションだから、あくまで想像の世界を楽しむしかない。もし「ここに来てみよう」という気持ちがあるのなら、鎌倉鶴岡《つるがおか》八幡宮から歩き出すといいかもしれない。

ただ、大失態を演じた勘平の気持ちになって歩くのだけはやめたほうがいい。落ち込んでいたら、とても歩けないし、危険だ。なにしろ、碑の脇は国道一号線。車がひっきりなしに行き交っているのだから。

戸塚駅より藤沢駅行き神奈川中央交通バス、西横浜国際総合病院前下車。

愛し合うふたりだからここまで歩いてこられたのかも……

おお、由良之助か。待ちかねたわい

仮名手本忠臣蔵《かなでほんちゅうしんぐら》　四段目　扇《おうぎ》ケ谷《やつ》塩冶館《えんややかた》切腹《せっぷく》の場《ば》

一寸の虫にも五分の魂――。
「自尊心」とは、決して他人が侵すことができない、自分が自分であるための「誇り」と「尊厳」である。
「誇り」を失うことは、人間ではなくなるということだ。

幕府の上使・石堂右馬之丞《いしどううまのじょう》、高師直《こうのもろのお》の側近である薬師寺次郎左衛門《やくしじじろうざえもん》のふたり、裁きを待つ塩冶判官《えんやはんがん》のもとにやって来る。松の間の刃傷《にんじょう》事件に対するお上の沙汰《さた》を伝えに来たのだ。

出迎えたのは、斧九太夫《おのくだゆう》、原惣右衛門《はらそうえもん》。そして、奥から館の主、塩冶判官が出てくると、嫌がらせを言う次郎左衛門を諌《いさ》め、裃《かみしも》姿の石堂右馬之丞、懐中より御書《ごしょ》をおもむろに取り出し、重々しく読み上げた。

「このたび塩冶判官高貞《たかさだ》御儀、私の宿意を以て、執事高師直を刃傷に及び、館を騒がせし科《とが》によって、国郡《くにこおり》を没収し、切腹申しつくるものなり」

お家は断絶、塩冶判官は切腹という御沙汰。

もとより判官、覚悟の上。長羽織を脱ぎ捨てると、すでに用意の白小袖《しろこそで》、無紋の上下死装束《しにしょうぞく》。これには、石堂感じ入って「何か言い残すことはないか」と問えば、判官、怒りを込めて言い放つ。

「かくあらんとはかねての覚悟。ただ恨《うら》むらくは殿《でん》中《ちゅう》にて、加古川本蔵《かこがわほんぞう》に抱き留められ、師直を討《う》ち漏《も》らし、その無念、御推察下され」

すると、その怒りの声が聞こえたかのごとく、江

戸詰めの家臣たちが襖《ふすま》の向こうから「殿御存生《ごそんじょう》のうち、御尊顔を拝したき一家中の願い、お取次ぎを」との声。係の者が判官に尋《たず》ねると、こう断言する。

「もっともな願いなれど、国元より由良之助《ゆらのすけ》参るまでは、無用と申せ」

判官は、家老・大星《おおぼし》由良之助が来るのを、いまかいまかと心から待ちわびていた。無念の思いを由良之助に直接伝えたかったからだ。しかし、時は無情。

畳が運ばれ、白布がかけられ、仏前に備える樒《しきみ》が用意される。そして、判官の元結《もっとい》が鋏《はさみ》によって切り落とされた。

大星由良之助の一子・力弥《りきや》。かねてより用意の腹切刀を三宝《さんぼう》へ載せ、判官の眼前に。判官「退け」と万感の思いを込めて、力弥に目で指示すると、肩衣を取りはずし、死装束の腹を広げる。切腹の準備はすべて整ったのである。判官、言う。

「力弥、力弥」

「ハッ」

「由良之助は……」

「ハッ、いまだ参上……つかまつりませぬ」

ついに、その瞬間がやって来た。

判官は刀を逆手に取り直すと弓手《ゆんで》で思い切り腹に突き立てた。

「ウッ」

白地の装束に鮮血が広がる。

その時、廊下の襖踏み開き、駆け込む大星由良之助。

上使・石堂右馬之丞が叫ぶ。

「国家老《くにがろう》大星由良之助とは其方《そのほう》か」

「ハッ」

「苦しゅうない。近《ちこ》う、近う」

大星由良之助、判官の近くに。

「大星由良之助、ただいま到着」

「おお、由良之助か」

「ハハッ」

「待ちかねたわい」

判官、形見の短刀を渡し「わかっているな」と無念の思いを大星に託す。そして、人間としての最後の「誇り」を保つために、切っ先でのど笛をかききり血刀を投げ出すと、どうとばかり倒れ、息絶えたのであった。

知ればもっと面白い！

◆あまり知られていない浅野内匠頭の略歴

「仮名手本忠臣蔵」の主役のひとり、塩冶判官高貞が赤穂《あこう》藩主・浅野内匠頭長矩《あさのたくみのかみながのり》であることは周知の事実だが、浅野内匠頭がわずか九歳で赤穂藩主になったことは意外に知られていない。

いい機会だから、浅野内匠頭長矩の生い立ちを調べてみた。

浅野長矩は、寛文七（一六六七）年八月十一日、赤穂藩主・浅野長直の子、浅野長友《ながとも》の長男として、江戸鉄砲洲《てっぽうず》（現・東京都中央区明石町）にあった浅野家上屋敷に生まれる。

やがて父長友の急死により、八歳の若さで家督を継ぎ、九歳で赤穂藩第三代藩主となり、徳《とく》川家綱《がわいえつな》に拝謁《はいえつ》。十三歳で父と同じ官職「内匠頭」を与えられる。

十七歳で山鹿素行《やまがそこう》に兵学を学ぶ。ちなみに、長矩は父の死の二年前に生母を亡くしており、幼い頃に両親を失っている。

やがて、幕府より朝鮮通信使饗応役《きょうおうやく》の任を命じられ、無事に務め上げたため、天皇の勅使《ちょくし》饗応役として、吉良上野介義央《きらこうずけのすけよしひさ》の指揮下で任務につき、これもきちんとこなしている。以後、火消し大名、本所材木蔵火番、神田橋御番、桜田門御番に任命された。

そして、元禄十四（一七〇一）年三月、二度目の勅使饗応役を拝命することになる。

「松の廊下」事件を起こしたのは、長矩、数え三十五歳の時であった。

◆「浅野内匠頭切腹」――実際はこうだった！

さて、事件はその後――。

元禄十四年三月十四日、江戸城松の廊下で吉良上野介義央を斬りつけるという大事件を起こした三代目赤穂藩主・浅野内匠頭長矩は、幕府の命でいったん一関《いちのせき》藩主・田村《たむら》家に預けられた。

網駕籠《あみかご》に乗せられた長矩が田村家に運ばれて

きたのは、午後四時頃であった。何日間か預かるのだろうと思った田村家は、長矩を座敷に入れると周囲を板で囲い、釘を打ち、座敷内に便器だけ用意したという。

そして、何も食べていないであろう長矩に、食するようにと一汁《いちじゅう》五菜《ごさい》を出したが、長矩は、湯づけを二杯、口にしただけだったという。

だが、御沙汰は思ったより早く下った。

将軍・徳川綱吉《つなよし》が貴重な儀式を血で汚したと激怒し、長矩はすぐに切腹となった。午後六時頃、ご検使・荘田《しょうだ》下総守《しもうさのかみ》、日付・多門《おかど》伝八郎《でんぱちろう》、大久保《おおくぼ》権左衛門《ごんざえもん》らの来邸とともに、切腹は、急《きゅう》遽《きょ》、田村家の庭で行われることになった。

庭に莚《むしろ》、その上に十五畳の畳を、そして毛《もう》氈《せん》を敷き、周囲を屏風と幕で囲ったところで、浅野内匠頭長矩は切腹。

介錯《かいしゃく》人の磯田武太夫《いそだたけだゆう》が長矩の首を斬り、御検使に見せたといわれている。

遺体は、知らせを受けた浅野家家臣数名が引き取り、泉岳寺に運んだとされる。その様子を切腹場の四方に用意された高張提灯《たかはりぢょうちん》が見下ろしていた。

風さそう　花よりもなお　我はまた
春の名残を　いかにとやせん

浅野内匠頭の辞世の句である。

こんなあわただしい最期《さいご》である。はたして、浅野長矩、辞世の句を詠《よ》めたのだろうか。

◆この場を見る時は、早く着席を

この「扇ケ谷塩冶館切腹の場」は、通称「通《とお》さん場《ば》」と呼ばれている。

塩冶判官が無念の切腹をする厳粛《げんしゅく》な場面だけに、開演後、しばらくは客席への出入りが禁止されることが多いからだ。

トイレが混んでいたりして、あわてて戻ってきても、ロビーに待機させられ、肝心な場面を見られない人もいる。四段目を見る時は、早めの着席を。

浅野内匠頭終焉《しゅうえん》之地の碑

❖ 東京都港区新橋4−31付近

日比谷通りを品川に向かって歩いていくと、新橋4丁目交差点の新橋寄りに「浅野内匠頭終焉の地」と彫られた石碑が建っている。新橋駅から歩いて十分ほどのところだ。

怒りを抑え、忖度《そんたく》が優先される時代。浅野内匠頭終焉の地の石碑は、現代に何を伝えようとしているのだろうか。

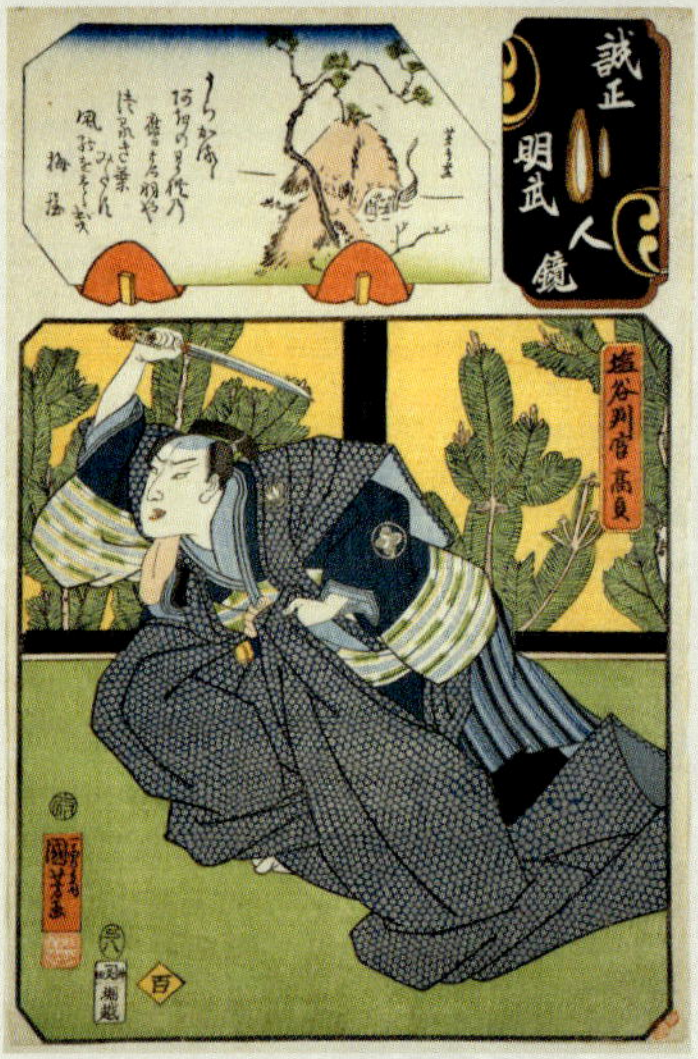

高師直に斬りかからんとする塩冶判官高貞。『誠忠義臣名々鏡』（一勇斎国芳・画、国立国会図書館蔵）より

現代の東京にぽつんと立つ石碑が内匠頭の無念を伝える

方々《かたがた》、勝鬨《かちどき》 エイエイ、オウ！

仮名手本忠臣蔵《かなでほんちゅうしんぐら》 十一段目 高家表門討入《こうけおもてもんうちいり》の場《ば》

十一段も続いた通し狂言「仮名手本忠臣蔵」の最後を飾る名場面。もちろん、誰もが結果はわかっている。それでも人は見たがる。まさに、この場面は、多くの観客にとっては何度見ても「溜飲が下がる」思いだったにちがいない。

幕が上がると、高師直《こうのもろのお》の屋敷の表門。

屋根には大雪が積もり、ドンドンドンドンという雪下ろしのゆっくりした太鼓の音が響く。この太鼓のリズムは、討入《うちい》りの夜、あたりは寝静まり、雪だけが静かにズンズン積もっているという歌舞伎ならではの約束事。

そこへ花道から主役、大星由良之助《おおぼしゆらのすけ》が颯爽《さっそう》と登場してくる。

着込み袴《ばかま》、黒雁木《くろがんぎ》の羽織、錣《しころ》頭巾、腰に大小の刀に采配《さいはい》を手にしている。続いて原郷右衛門《はらごうえもん》を先頭に表門担当の浪士二十一人が同じ構えで現れる。そこへ大星力弥《りきや》率いる千崎弥五郎《せんざきやごろう》以下裏門方二十三人が登場。火事場の火消の装束《しょうぞく》が多いのは、師直邸に向かう時「火の用心」のための見回りと思わせるためであった。

そして、大星由良之助からはじまる朗々たる渡り台詞《ぜりふ》。渡り台詞とは、長い台詞をひとりひとり短くつないでいくセリフ術のこと。

「いかに方々、不倶戴天《ふぐたいてん》の君の仇《かたき》、恨《うら》みも積もる白雪の」

「今宵《こよい》ぞはれの軍《いくさ》の門出」

「呉越《ごえつ》の例《ため》し会稽《かいけい》の」

「雪にすすぐの声あれば」

「時にとっての好《よ》き吉兆《きっちょう》」

「天とかけなば」

「川と答えん」

「しからば何《いず》れも」

「ハッ」で、千崎弥五郎「ピーッ」と鋭く呼子《よびこ》を吹く。

それを合図に表門、裏門と分かれ、梯子《はしご》をかけ、塀を越える者、門を叩《たた》き壊す者、さまざま。いまかいまかと待ちわびている観客にとっては、いよいよ待ちに待った高家《こうけ》表門討入の場のはじまりだ。

山鹿《やまが》流の陣太鼓が観客の鼓動に合わせるがごとくドーン、ドーンと鳴り響く中、舞台がグルッと回り、場面は師直の屋敷内へ。

舞台正面に現れしは、高師直の家臣で、剣の達人と噂《うわさ》される高家の剣豪・小林平八郎《こばやしへいはちろう》と塩冶の家臣のひとりで俳句も嗜《たしな》む粋人《すいじん》・大鷹文吾《おおたかぶんご》の一騎打ち。

相手は名だたる剣術使い。ひ弱な文吾、雪に滑って池の中へ。危ない！　そこへ助っ人・織部弥次兵《おりべやじべ》

衛《え》登場。つばぜり合いがはじまる隙に文吾がなんとか池から這《は》い上がる。小林、相手はふたり。両刀を手に必死に戦う。

ドンドンドン、雪下ろしの太鼓の音で、また舞台は回る。

圧倒的に優勢な塩冶《えんや》の浪人たち。だが、肝心の師直本人が見つからない。

気がつけばいつの間にか夜は白々と明けはじめ、やがて日が昇る。

そうなると、まずい。大星由良之助に理がありと判断し、知っていながら討入りも許した幕府とて、夜中に起きた事件なれば知らぬ存ぜぬで通せる。だが朝日が昇り、事件が白日《はくじつ》の下にさらされれば、見て見ぬふりはできない。

討入りはこのまま失敗に終わるのか。焦る。舞台には悲嘆にくれる浪士たち。

その時、炭小屋で物音が。すると、炭小屋の中から高家の侍が飛び出してきて、浪士に切りかかる。浪士はこの侍を切り倒したあと、目配せをして、炭小屋の後ろに隠れる。すると、誰もいないと思った

のか、様子を窺《うかが》いながら、主君の仇、憎き高師直がそっと、その姿を現した。

矢間重太郎《やざまじゅうたろう》、竹森喜多八《たけもりきたはち》両人、左右から襲い、師直を捕らえ、高師直の額《ひたい》の疵《きず》を確認し、血を吐くがごとく鋭く強く呼子を吹く。

「ピー、ピー、ピー」

大星由良之助以下、続々と集まってくる。そして、いよいよ、舞台は佳境である。

「紛《まご》う方なき怨敵《おんてき》師直公、この上は尋常《じんじょう》のお覚悟あれ」と、大星、まさに主君判官が切腹した短刀を前に置いた。

「お前も主君と同じこの刀で切腹しなさい」というわけだ。

だが、師直、血迷ったか、その短刀を手にすると、最後の抵抗とばかり、由良之助に斬ってかかった。

「御免《ごめん》！」

由良之助、体をサッとかわすと、主君の無念を思い知れとばかり、師直を怒りの串刺し。すかさず先崎弥五郎、憎き師直の首《しるし》をあげる。由良之助から再び渡り台詞。


「ウム、よくぞつかまつった。四十余人。誰《だ》れ彼《か》れが妻を捨て子に別れ」

「老いたる親を失いしも、この首ひとつ見んためよ」

「今日はいかなる吉日にて」

「浮木《ふぼく》に会える盲亀《もうき》はこれ」

「三千年の憂曇華《うどんげ》の」

「花を見たりや」

「うれしいなァ」

と、舞台に朝を知らせる鶏の声――。


「鶏鳴《けいめい》告ぐる朝ぼらけ」

「はや東雲《しののめ》に近ければ」

「おのずと心勇まれて」

「これより直《す》ぐに」

「御菩提所へ」

「方々《かたがた》、勝鬨《かちどき》」

「エイエイ、オウ！」

めでたしめでたし。これにて、通し狂言「仮名手本忠臣蔵」は、幕と致そう。

本所松坂町公園

❖東京都墨田区両国3－13－9

当時の吉良邸の一部が、公園として残っている。吉良邸は敷地面積二千五百七十七坪、建坪千二百三十四坪であったという。

しかし、この公園は大変に小さく、十人も入れば混雑である。公園内には、赤穂義士遺跡、吉良邸跡碑、首洗い井戸があり、往時を偲《しの》ぶことができる。

都心にひっそり残る、大事件の舞台

回《え》向《こう》院《いん》

❖東京都墨田区両国2－8－10

赤穂義士が勝鬨の声を挙げて、討ち取った吉良上野介の首を槍の柄にくくりつけて吉良邸を出ると、一行は本懐を遂げたあとの集合場所と以前から決めてあった、近くの回向院に向かった。回向院は、吉良邸の裏門近くにあり、とりあえず全員集合するには格好の寺であった。

しかし、開門時間でないことを理由に門は閉ざされたまま。実際は、髪を振り乱し、血にまみれた浪士たちを見て、かかわりあいになるのを恐れたといわれている。

赤穂浪士休息の地の碑

❖東京都江東区佐賀1－6

回向院で休息できなかった赤穂浪士一行に対し、激闘後の休憩場所を提供してくれたばかりでなく、早朝にもかかわらず、わざわざ、労をねぎらってくれたひとりの江戸の商人がいた。引き上げの途中にある「乳熊屋《ちくまや》」という味噌屋の主人・竹口作《たけぐちさく》兵衛《べえ》が、その人である。

その碑がいまでも株式会社ちくまの前にある。碑文によれば、討入りの本懐を遂げた義士たちが永代橋にさしかかった時、一行を呼び止め、義士たちに甘酒をふるまったという。

その理由として、義士のひとりで、俳人でもあった大高源吾が作兵衛の俳諧仲間で、ともに宝井其角《たからいきかく》の弟子であったからだという説もある。

大高源吾は、棟木に由来をしたため、また看板を書き残し、永代橋を渡り、高輪泉岳寺に向かったとされる。

赤穂浪士に対する庶民の気持ちが伝わってくる

永代橋《えいたいばし》

❖東京都中央区新川1丁目と江東区佐賀1丁目を結ぶ橋

赤穂義士は、永代橋を渡ったが、その当時の永代橋は現在より百三十メートル上流にあった（118ページ参照）。

現在の永代橋は関東大震災後の大正15（1926）年に架橋されたもの

浅野内匠頭長矩江戸上屋敷跡

❖東京都中央区明石町10－1　聖路加国際大学敷地内

現在の聖路加《せいるか》病院と道路を挟んだ向こう側にある中央区教育センターにかけての八千九百七十坪が浅野内匠頭の上屋敷の敷地であったといわれている。

泉岳寺へ向かう義士たちは永代橋を渡ったあと、このあたりを振り返り振り返り、歩いていたという話も残っている。

いまも、聖路加国際大学校舎横に「浅野内匠頭邸跡」という大きな石碑が建っている。

吉良家歴代の墓

❖東京都中野区上高田4－14－1　功運寺

一方、吉良上野介義央の墓は、どこにあるのだろうか。

功運寺《こううんじ》境内の吉良家四代の墓所、十七代目吉良上野介義央の墓である。赤穂義士によって、討ち死にした多くの吉良家の家臣を弔《とむら》う「吉良家討死家臣慰霊塔」がある。

泉岳寺《せんがくじ》

❖東京都港区高輪2－11－1

大石内蔵助一行は、泉岳寺に入ると、亡主・浅野内匠頭長矩の墓前に、吉良上野介義央の首を供えた。

まさに「松の廊下」の刃傷事件以来、彼らの「長い」旅がこれで終わった。

曹洞宗萬松山《まんしょうざん》泉岳寺。浅野家の菩提寺。大石親子の墓をはじめ、赤穂義士の墓にはいまでも線香の煙が絶えない

知らざあ言って聞かせやしょう

青砥稿花紅彩画《あおとぞうしはなのにしきえ》《白浪五人男《しらなみごにんおとこ》》

中国は漢の時代――。白波谷《はくはこく》に立て籠《こ》もる「白波族《はくはぞく》」と呼ばれた盗賊団があった。
江戸時代、小悪党を主人公とする歌舞伎が生まれ、それを「白浪《しらなみ》もの」と呼んだ。
その中でも、白浪作者・河竹黙阿弥《かわたけもくあみ》が生み出した最大の傑作がこれだ！

人生は「出会い」ではじまり、「別離」で終わる。

狂言作者・河竹黙阿弥がある時、わけあって両国橋を渡っていると、橋の袂《たもと》から見るからに美貌《びぼう》の青年が、女物の長く派手な着物をまとい、こちらに向かって歩いて来た。

顔や髪型は明らかに男であるにもかかわらず、その姿や仕草があまりにも女らしく、この上なく美しかったので、橋の上で立ち止まって見送った黙阿弥は、思わず、その話を友人である浮世絵師・三代目歌川豊国《うたがわとよくに》に話した。

すると、それを聞いた豊国は、早速、一枚の絵にした。

緋縮緬《ひぢりめん》の長襦袢《ながじゅばん》姿の美人の女――。結った島田がやや横に傾き、それに緋鹿子《ひがのこ》の布がかかっている。だが、仕草は明らかに男で、二の腕には桜の彫物、赤い襦袢姿の女装のまま、足を広げ、荷に腰かけ、抜身の刀を畳へ突き刺して、酒を豪快に浴びている図柄……。

黙阿弥は、豊国のこの一枚の絵を見るやいなや、ポンとひとつ膝《ひざ》を叩き、江ノ島岩本院の稚児《ちご》上がりの小悪党「弁天小僧菊之助《べんてんこぞうきくのすけ》」を主人公にした狂言を作り上げた。「青砥稿花紅彩画《あおとぞうしはなのにしきえ》」という、この芝居の演題が、その逸話をいまに残している。

幕が上がると、そこは鶴岡《つるがおか》八幡宮近く、鎌倉雪ノ下の大きな呉服屋「浜松屋《はままつや》」の店先。主人は浜松屋幸兵衛《こうべえ》。

番頭与九郎《よくろう》以下、手代、丁稚《でっち》など数人がこの日も忙しそうに働いている。立派な身なりの武士がやって来て、奥座敷に入っていく。

お武家が奥に消えたと同時に、花道より高髷《たかまげ》の島田に振袖という、いかにも武家の子女と思われる美しい娘がお供の侍を連れて、店にやって来る。

供の侍は、店の番頭に対して武家のお嬢様が「婚礼」のための反物、帯など一式を買い求めたいと言うので、店の高級品である京染《きょうぞめ》の振袖、毛織錦《けおりにしき》の反物、帯地の類、また緋縮緬《ひぢりめん》、緋鹿子《ひかのこ》などを次々と差し出す。

その間、最近、見た歌舞伎の話や贔屓《ひいき》の役者の話に花が咲き、和気あいあい。

と、その時、この美しいお嬢さんが振袖を選ぶふりをして、半襟《はんえり》に使う緋鹿子を万引きする手の動きを店の者たちが見た。しかし、これが罠《わな》だとは店の者、誰もわからない。

着物をあとで取りに来るから、それまでに勘定をしておいてくれと言い残し、帰ろうとするお嬢さんと供の侍を、番頭が呼び止める。

「もし、ちょっとお待ちくださいませ」

「なんぞ用か」

「お隠しなされた緋鹿子を、置いておいでなされませ」

お嬢様が万引きをしようとは、誰も気がつかないだろうが、そうはいかない。自分たちの目は節穴《ふしあな》じゃない。お武家だからと商人《あきんど》をなめるなよ。

「なに、お嬢様が万引きを。当てごとのない粗相《そそう》を申し、後で後悔いたしおるな」

「かまうことはねえ、しめろ、しめろ」

鳴り物が鳴って、番頭以下店の者が棒などで、お嬢様を襲う。そこへ、騒ぎで駆けつけた店の若旦那が現れ、事情を聞く。ところが、よくよく見れば、万引きしたと思われた品には、他の店の印が。あわてて、謝る一同。怒るお供の侍。お嬢様の眉間《みけん》に赤い血が……。

「黙れ、黙れ、黙れ。黙りやがれ。このお嬢様はかくかくしかじか。ただ謝ってすむと思うか」

　大騒動のさなか、浜松屋の主人・幸兵衛が現れ、百両を。「これでどうかお許しを」。納得したお供の侍が、百両を手にお嬢様と去ろうとした時、店の奥から事情を見聞きしていた先の侍が声をかける。

「お侍、ちょっと待ってくだされ。お目にかかるも不思議なご縁。我はおぬしと同じ二階堂《にかいどう》家の用人、玉島逸当《たましまいっとう》と申す者。そなたは二階堂信濃守《しなののかみ》が家来、早瀬主水《はやせもんど》のご息女と聞いたが、早瀬主水と名乗る者は、わが屋敷にはいない。縁組定まりし娘というも、まさしく男。二の腕にちらりと見たる桜の彫物。男であろう。女なら乳房を改めようか。さあ、さあ、さあさあさあ」

　ここで、お嬢様が開き直る。

「もし、お侍さん、ご推量の通り、わっちは男さ。どなたもまっぴらごめんなせえ。番頭、煙草盆《たばこぼん》を貸してくれ」

尻をくるりとまくり、煙草盆を抱え、片肌を脱ぐと、まぎれもない桜の彫物が緋縮緬の下から姿を現した。開き直るその度胸を見て、侍、改めて尋《たず》ねる。

「ゆすりたかりのその中でも、さだめて名のあるものであろうな」

「まだわっちらをお前方は知らねえのかえ」

店の者、全員が馬鹿にして、声を揃《そろ》えて大声で言う。

「おお、どこの馬の骨か、知らねえわ」

　ここで、大向こうからかけ声が。

「待ってました！　たっぷり」

弁天小僧の名セリフである。

「知らざあ言って聞かせやしょう。浜の真砂《まさご》と五右衛門《えもん》が歌に残せし盗人《ぬすっと》の種は尽きねえ七里《しちり》ケ浜《はま》、その白浪《しらなみ》の夜働《よばたら》き、以前を言やあ江ノ島で年季づとめの稚児《ちご》ケ淵《ふち》、江戸の百味講《ひゃくみ》の蒔銭《まきせん》を当てに小皿の一文子《いちもんこ》、百が二百と賽銭《さいせん》のくすねる銭《ぜに》せえだんだんに悪事はのぼる上《かみ》の宮《みや》、岩本院で講中の枕探しも度《たび》重なり、お手長講《てながこう》と札付《ふだつき》にとうとう島を追い出され、それから若衆《わかしゅ》の美人局《つつもたせ》、ここやかしこの寺島で

小耳に聞いた祖父《じい》さんの似ぬ声色《こわいろ》で小《こ》ゆすりかたり、
名さえゆかりの弁天小僧菊之助たあ、俺がことだ！」

結局、ふたり、つまり小悪党、弁天小僧菊之助とその兄弟分・南郷力丸《なんごうりきまる》は百両は返したものの、額《ひたい》の疵《きず》の治療代として十両をせしめて浜松屋を去っていくが、実は、お嬢様を弁天小僧と見破った玉島逸当こそ、世間を騒がしている五人組の盗賊の頭《かしら》・日本駄右衛門《にっぽんだえもん》。そのあと、奥座敷で浜松屋一同の接待を受けるが、そこへ先の弁天小僧らが押し入り、千両箱を力づくで強奪しようという魂胆だったのである。

だが、結末は意外なことに……。

この浜松屋の主人・幸兵衛は三十

歳を過ぎても子がなく、子供欲しさに初瀬寺《はつせでら》に願《がん》をかけ、夫婦で熱心に祈ったおかげで子供を授かった。だが、お礼参りに行った十七年前、御堂内での喧嘩《けんか》騒ぎに巻き込まれ、子供を見失い、たまたま捨てられて泣いていた子供を拾い、わが子として育てたのが、この息子だと若旦那の生い立ちを説明する。

　すると、盗賊の頭・日本駄右衛門、「もはや金は受け取れない」と言い出した。

　なぜなら、この若旦那こそ、日本駄右衛門が初瀬寺に捨てた子。その証拠の幼児の時の衣服に着いた三つ亀甲《きっこう》の紋。

「はっ、これぞ実父の定紋に、下着に継いで肌身離さず着ております」

若旦那の宗之助《そうのすけ》と歓喜の出会い。

　さらにさらに、驚くことが。主人、幸兵衛の実の子が、なんと弁天小僧だったのだ。

　日本駄右衛門が幸兵衛に、「それじゃあ、何か、生き別れたおぬしの子供の証拠はないか」と聞くと、その子供に持たせた巾着《きんちゃく》袋に「寛文元年　癸《みずのと》卯四月二十日亥《い》の時に誕生幸兵衛倅《せがれ》幸吉」と書いたという。

すると、思いがけず、弁天小僧が懐《ふところ》から赤地に錦の巾着を出す。

「もしやこれではござりませぬか」

「まことにこれぞ、覚えの巾着。そんならお前が」

「その幸吉にございます」

この三人に忠信利平《ただのぶりへい》、赤星十三郎《あかぼしじゅうざぶろう》を加えた「白浪五人衆」が傘を片手に登場するのが、有名な「稲瀬川勢揃《せいぞろい》の場」。

舞台上下、捕り手が取り巻く。

そこで、一人ずつ名乗りを上げる名場面。

「問われて名乗るもおこがましいが、生まれは遠州浜松在。十四の時から親に放れ、身の生業《なりわい》も白浪の沖を越えたる夜働き、盗みはすれど非道はせず、人に情を掛川から金谷にかけて宿々《しゅくじゅく》で、義賊と噂《うわさ》高札に廻る配附《はいふ》の盥《たらい》越し、危ねえその身の境界も最早《もはや》四十に人間の定めは僅《わず》か五十年、六十余州に隠れのねえ賊徒の首領、日本駄右衛門」

「さてその次は江ノ島の岩本院の児《ちご》上り、平生《ふだん》着なれし振袖から、髷《まげ》も島田に由比ヶ浜、打ち込む浪にしっぽりと女に化けた美人局、油断のならぬ小娘も小袋坂に身の破れ、悪い浮名も龍《たつ》の口、土の牢にも二度三度、だんだん越える鳥居数、八幡様の氏子にて鎌倉無宿と肩書も島に育ってその名さえ、弁天小僧菊之助」

忠信、赤星が続き、南郷力丸がこう締める。

「さてどんじりに控えしは、潮風荒き小ゆるぎの磯《そ》慣《な》れの松の曲がりなり、人となったる浜育ち、仁義の道も白川の夜船に乗り込む船盗人《ふなぬすびと》、波にきらめく稲妻の白刃に脅す人殺し、背負って立たれぬ罪科《つみとが》はその身に重き虎ヶ石、悪事千里というからはどうりで終《しま》いは木の空と覚悟はかねて鴫立沢《しぎたつさわ》、しかし哀れは身に知らぬ、念仏嫌えな南郷力丸」

五人男、追い詰められながら、この場は何とか追手を蹴散《けち》らし、バラバラに逃げるが、最後に弁天小僧が極楽寺の屋根の上で壮絶な自害を遂げ、首領・日本駄右衛門は、青砥藤綱《あおとふじつな》によって捕らえられて、幕。

しかし、この芝居、見る者に「五人男が悪いのは、彼らだけのせいではない」と思わせるのはなぜだろう。

知ればもっと面白い！

この話、実在の悪党がモデルだった！

歌舞伎は、実際にあった「事件」の再現ドラマが多い。この「白浪五人男」も、弁天小僧こそ先述のごとく黙阿弥の想像上の人物だが、首領である日本駄右衛門をはじめとした仲間の四人には、モデルがいた。

この話に登場する盗賊たちのモデルとなったのは、延享四（一七四七）年に獄門になった日本駄右衛門ならぬ、実在の日本左衛門《にっぽんざえもん》の一味だ。

日本左衛門は、享保四（一七一九）年生まれ。尾張藩の下級武士の息子で、本名、浜島庄兵《はまじましょうべ》衛《え》。子供の頃から放蕩《ほうとう》を重ね勘当され、無頼に。

やがて、数百人の子分を引き連れ、遠州の豊田郡貴平村に本拠を置き、駿河《するが》、三河《みかわ》、遠江《とおとうみ》などを中心に荒らしまわったと伝えられている。あまりに被害が続出したため、地元の代官では手に負えず、幕府直々の取締りとなり、当時としては珍しい「人相書」が回ったほどである。

そこには「丈《たけ》五尺八寸、色白く、鼻筋通り、顔面長……」などと書かれていたという。

だが、公儀が出動してもなかなか捕まらなかった。やがて自ら京都、町奉行所に自首。直後に、江戸で打ち首となった。ただ日本左衛門の「盗みはするが非道はせず」の精神が、黙阿弥の中に生かされている。処刑された時、二十九歳であった。「カッコいい」盗賊としては、当時、芝居の格好のモデルだったにちがいない。

また、南郷力丸は、この日本左衛門の実在の手下で、南宮行力丸《なんぐうこうりきまる》、忠信利平も同じく実在の部下、忠信利兵衛であり、赤星十三郎は、辻斬《つじぎ》りで名をはせた実在の平井権八《ひらいごんぱち》がモデルだといわれている。

ちなみに、この日本左衛門の墓が静岡県金谷《かなや》の宅円庵《たくえんあん》にある。地元でさらし首にされていたところから愛人が盗み出し、葬ったという伝説が残されている。

鶴岡八幡宮と雪ノ下

❖神奈川県鎌倉市雪ノ下2－1－31

この芝居の舞台となった「浜松屋」のモデルは江戸の呉服屋で、さすがに、古都鎌倉で見つけることはできないが、「雪ノ下」という住所は、鶴岡八幡宮の近くに実在する。鶴岡八幡宮は、源頼朝ゆかりの神社。山を背にした朱の社殿は美しく、その堂々とした佇《たたず》まいは、鎌倉を象徴している。

古都・鎌倉を代表する観光スポット

長谷寺《はせでら》

❖神奈川県鎌倉市長谷3－11－2

鎌倉で弁天小僧ゆかりの地といえば、長谷寺だろう。芝居では、浜松屋の主人幸兵衛が「初瀬寺」の観音様にわが子を授かるように願をかけ続け、ようやく生まれた子を、縁日の喧嘩騒ぎのゴタゴタで見失ってしまうことから、この物語がはじまっている。「初瀬寺」は奈良・初瀬の長谷寺の古称。

「江ノ電」長谷駅から出かけよう

極楽寺

❖神奈川県鎌倉市極楽寺3−6−7

「白浪五人男」の首領・日本駄右衛門が隠れ住んでいたことになっている寺だが、何といっても、この芝居の大詰《おおづめ》における、極楽寺の山門上で弁天小僧が最期を遂げる場面は圧巻だ。

当時は七堂伽藍《がらん》を持つ大寺院。山門をじっと見上げれば、芝居好きなら誰でも、弁天小僧菊之助が、「最期のほどを捕手の奴ら、間近く寄って見物なせ」と叫んで、立ったまま、刀を腹に突き刺す姿を思い浮かべることだろう。

岩本楼

❖神奈川県藤沢市江の島2−2−7

「さてその次は江ノ島の岩本院の児《ち》上《ご》がり……」

弁天小僧の「稲瀬川勢揃の場」の口上でのセリフの冒頭だが、この岩本院の名残《なごり》がいま、名門旅館岩本楼に残されている。

この岩本楼は、現在では江ノ島の入口で旅館業を営んでいるが、明治維新の神仏分離令以前は、岩本院と称して、江ノ島の寺社をすべて支配する惣別当であった。さらに、岩本院は、江戸時代には江ノ島での宿泊、土産物、ご開帳などの権利を持ち、将軍、大名の宿泊所としても栄えていた。

弁天小僧は、岩本院で稚児として働きながら、お寺の賽銭箱《さいせん》からくすねたり、旅館の客の財布の中から小銭を盗み、それが見つかってワルの仲間に入ったというわけである。

岩本楼は江ノ島の西浦に面しているため、正面に富士山、その前面には烏帽子岩《えぼしいわ》と、浮世絵のような眺望が人気の旅館となっている。旅館内には資料館もあり、江ノ島の歴史が学べる。

青砥藤綱《あおとふじつな》屋敷跡の碑

❖神奈川県鎌倉市浄明寺5−2−3

大詰の「滑川土橋《なめりかわどばし》の場」、日本駄右衛門がお縄にかかるところでこの芝居は幕となるが、彼を捕えたのが青砥左衛門《さえもん》藤綱。

この滑川は、現在も若宮小路の東側を流れている。青砥藤綱は、鎌倉後期、この地で北条氏に仕えた武士。権力者から民衆を守った「正義の人」といわれ、歌舞伎や文学によく登場する。

藤綱を象徴するエピソードが「滑川の川ざらい」だ。

ある夜、誤って十文銭を滑川に落とした藤綱は、従者に命じ、五十文で松明《たいまつ》を買い求め、銭を見つけた。「十文のために五十文使うとは」と言われた藤綱、こう言った。

「十文を失えば、天下の貨幣を永久に失う。だが、五十文使えば、合計六十文が天下に回り、役に立つ」

川べりを歩いていくと、滑川上流の青砥橋近くに、青砥藤綱屋敷跡の石碑がある。さすがに、鎌倉見物の客も、ここまでは来ないが、芝居好きなら、ぜひ足を運んでみては。

思えば、思えば、エエ、恨めしい一念通さでおくべきか

東海道四谷怪談《とうかいどうよつやかいだん》
《四谷怪談》

怒りやふくれる。ぶてば泣く。殺しや夜中に化けて出る——。この狂言は、まさに、夫の勝手な行動によって人生を破滅させられた妻が見せた、「女は怖い」ことを裏付ける、世にも恐ろしい「復讐《ふくしゅう》劇」であった。

塩冶《えんや》家の家臣・四谷左門《よつやさもん》には、美しい娘がふたりいた。

姉の名がお岩《いわ》、妹がお袖《そで》。しかし、塩冶判官《はんがん》の高《こうの》師直《もろのお》への「松の間の刃傷《にんじょう》事件」によってお家は断絶、左門は浪人の身になってしまった。

そんな中、お岩は父と同じ家中だった浪人・民谷《たみや》伊右衛門《いえもん》の内縁の妻となり、お袖はまた同じ赤穂の浪人・佐藤与茂七《さとうよもしち》と結ばれる。

ところが、娘・お岩と伊右衛門との恋を許さない左門は、お岩を取り返しに来るが、夜道で、伊右衛門によって逆に殺害されてしまう。父の血まみれの死体を目にしたお岩、辻斬《つじぎ》りにあったと思ったのか、ちょうどその場に居合《いあ》わせた伊右衛門に、自分の父を殺した憎い相手とも知らず「父の仇《かたき》を討ってほしい」と健気《けなげ》にも頼む。

「知れたこと。女房の親は身どもが親さ」

「嬉《うれ》しゅうございます」

伊右衛門、それにしてもひどい悪党だ。自分で義父を殺害しておいて、よくそんなことを平気で言えたものだ。だが、伊右衛門の悪行は、こんなもので

はない。ここから本領を発揮する。

伊右衛門、もともと浪人の身、生活に困り、貧しさゆえ、家にあるものを売っ払うのはまだ許されるにしても、隣の家に住む裕福な伊藤家の孫娘が自分に惚《ほ》れているのを知り、金を目当てに何とかいっしょになろうと、あえて妻のお岩につらくあたる。

しかし、離縁の理由が見つからない。お岩は悪人の伊右衛門に健気に尽くしている。このままでは別れられない。そこで、按摩《あんま》の宅悦《たくえつ》に銭を渡し、お岩と不倫するように仕組む。不義密通の現場を押さえ、三下《みくだ》り半《はん》を突き付けるつもりだ。

一方、隣の伊藤喜兵衛《いとうきへえ》も悪だくみ。孫のお梅《うめ》がかわいいあまり、お梅に頼まれるまま、伊右衛門とお岩の離縁に協力する。

伊右衛門の子を産んだのはいいが、産後の体調がすぐれず苦しむお岩に、伊藤喜兵衛が「薬」だと称して、なんと、毒薬を飲ませたからたまらない。

飲んだお岩、突然、顔を押さえて苦しみはじめる。

伊右衛門に金をもらって不倫のネタづくりのために、お岩の家にやって来ていた按摩の宅悦、お岩のあまりに苦しむ様子に、つい、伊右衛門の企《たくら》みを白状した。

「喜兵衛殿から参ったたる血の道の薬は、アリャ皆うそ。人の面《おもて》を変えるの良薬、それを上がってお前の顔は、世にも醜《みにく》い悪女の面。それをお前は御存知ないか。疑わしくば、これこれ、この鏡でお顔をご覧《ろう》じませ」

お岩、腰を下ろし、左手で顔、着物、頭髪に触れて確かめ、改めて顔を映す。

「ヤヤ、コリャわしかいの、わしかいの、私がほんまに顔かいのう」

見るも哀れ、世にも恐ろしい顔——。

怒りに燃えたお岩、息あるうちに毒薬を盛った喜兵衛にその顔で挨拶《あいさつ》に行こうとする。

「髪もおどろのこの姿、せめて女の身だしなみ、鉄《か》漿《ね》(お歯黒)など付けて髪梳《かみす》き上げ、喜兵衛親子に詞《ことば》の礼を……」

腫《は》れた顔にお歯黒をつけはじめるお岩——。

目の上は大きく膨《ふく》らみ、毛は抜け、肌は荒れ、そこへお歯黒の哀れな顔。やがて髪を梳くと、バサッと髪が抜ける。火がついたように赤子が泣く。山のように抜けた髪を手に、すさまじい形相《ぎょうそう》のお岩が、恨《うら》みを込めて高く鋭い声で唸《うな》る。顔から血がたらたら流れ、ドロドロと幽霊太鼓が鳴る。

「今をも知れぬこの岩が、死なば正しくその娘、祝言《しゅうげん》さするはコレ眼前、ただ恨めしき伊右衛門殿、喜兵衛一家の者どももも、なに安穏《あんのん》におくべきや。思えば、思えば、エエ、恨めしい。一念通さでおくべきか……」

戸口に向かうお岩を止める宅悦。もみあっているうちに柱に刺さっていた刀の刃にお岩の喉《のど》がかかり、空をつかむお岩。血があたりに跳ね返る。

一方、伊右衛門の悪事は千里を走る。

お岩の死を知った伊右衛門は、宅悦では失敗したからと、自分の使用人・小仏小平《こぼとけこへい》を殺し、お岩と小平が密通したことにして、ふたりの死体を戸板の表と裏に打ち付け、川に流す始末をする。

やがて、すべてうまくいったと思った伊右衛門は、隣家のお梅と祝言を挙げる。

恥ずかしそうに、うつむいている生娘《きむすめ》の花嫁姿に伊右衛門、うれしそうに近寄り、女の肩を抱きながら言う。

「日頃の恋の叶《かの》うた今宵《こよい》、そんならめでたくこちの人、わが夫《つま》かいのと笑《わろ》うて言いやれ」

「アイ、こちの人、わが夫かいの」

と顔を上げた女の顔を見て、伊右衛門、驚いた。お岩だったからである。しかもケラケラと笑ったから、たまらない。

伊右衛門、ぞっとし、刀を引き抜き、女の首を落とす。落としてみれば、お梅の顔。あわてて、舅《しゅうと》に近寄れば、これも小仏小平。「旦那様、薬を下され」と言う。この首も落としてみれば、喜兵衛。

思わず立ち上がり、門口に向かえば、開いていた戸口がひとりでに締まり、暗くなった戸口のあたりに火の玉が……。思い知ったか、伊右衛門殿。ケケケケケケケ！

お岩のけたたましい笑い声が聞こえたのか、気が狂ったかのように、刀で空《くう》を切る伊右衛門――。「ハテ、恐ろしき」で、チョンと柝《き》が入り「執念じゃなあ」で大ドロになって、幕。

知れば もっと 面白い！

◆タイトルに「東海道」がつくワケとは？

この「東海道四谷怪談」は、四代目鶴屋南北《つるやなんぼく》の作であるが、なぜ「東海道」なのか、調べてみた。

この「四谷怪談」は、先の「仮名手本忠臣蔵《かなでほんちゅうしんぐら》」の外伝という形で書かれ、当初は、初日「仮名手本忠臣蔵」六段目まで続けて演じられたあと「四谷怪談」三幕目まで、二日目「仮名手本」七段目から十段目のあと「四谷怪談」の最後まで、そして「仮名手本」の討入《うちい》りで終わった。

そういわれてみれば、お岩の父も夫も、妹の連れ合いもみな塩冶家の藩士で、お家断絶のあと、浪人生活を送っていることになっている。また、伊右衛門がお岩の後添《のちぞ》いでもらうお梅の伊藤家は、高師直《こうのもろのお》の家臣。

そのため、伊右衛門は最後の場で、妹の主人・佐藤与茂七に殺され、「仮名手本忠臣蔵」の大詰《おおづめ》の討入りには与茂七が参加している。この与茂七は、実在の矢頭右衛門七《やとうえもしち》を意識している。

現在では、それぞれ独立して上演されているが、そうした仕掛けがあったと思うと、討入りの裏で浪人たちの中には、こんなこともあったかと南北は考えたのかもしれない。

それにしても、なぜ「東海道」なのか。

東海道の藤沢宿近くに「四ツ谷」という地名があるそうだが、関係ない。作品には「雑司《ぞうし》ヶ谷《や》四谷伊右衛門浪宅の場」と書かれているので、実際の人物や場所の名前を変えたりする当時の作劇術に則《のっと》ったものだろう。

「東海道」がついているのは、当時、十返舎一九《じっぺんしゃいっく》の「東海道中膝栗毛《ひざくりげ》」が著名だったことから、鶴屋南北も各地を題材とした「怪談」を集めた「東海道」シリーズを作りたかったのではないか、また「とうかいどう」ではなく「あずまかいどう」と読ませ、赤穂浪士の「東下り」と懸《か》けたのではないかともいわれているが、真偽のほどはわからない。

実際のお岩さんは貞女だった⁉

この狂言、調べていくと、作者の鶴屋南北が町方《まちかた》が幕府に送った「うちの町で、最近こんなことがありました」という報告書をもとにして、それを脚色したと思われるふしがある。『四谷町方書上《よつやまちかたかきあげ》』という本で、これによれば、話はこうだ。

貞享年間（一六八四〜八八）に四谷左門町に田宮《たみや》伊右衛門とお岩という夫婦が住んでいた。伊右衛門は三十一歳、お岩二十一歳。

ところが、この伊右衛門、婿《むこ》養子の身でありながら、なんと自分の立身出世を考え、上役の娘と重婚し、子供までもうけてしまった。そのため、事実を知った妻のお岩が発狂し、その後、失踪《しっそう》した。姿が見えなくなったのだから、伊右衛門に殺害されたのかもしれなかったが、死体が出ない以上、町方は調べようもなかった。

そうこうするうちに、どういうわけか伊右衛門の関係者が次々と不審な死を遂げ、その数は十数人に上ったという。

狂死、悶死《もんし》、あり得ない自害、まさかの事故死、心中。巷《ちまた》では「お岩の祟《たた》り」に違いないと思われている……。

この報告書を見た鶴屋南北は、この話に当時、瓦版屋《かわらばんや》を喜ばせた不倫の果ての男女が戸板にくぎ付けにされて神田川に流されていたという話や、隠坊堀《おんぼうぼり》に心中者の遺体が流れついたという奇譚《きたん》などを織り交ぜて名作「仮名手本忠臣蔵」の外伝として書いたのではないだろうか。

一方でお岩は貞女だったという話がある。

お岩の父親・田宮又左衛門《またざえもん》は徳川家康《とくがわいえやす》の入府とともに駿府から江戸に来た御家人で、伊右衛門はお岩の婿として田宮家に養子に入った。

かなり貧しい生活だったが夫婦仲よく、お岩は奉公に出て夫を支えたという。

あなたは、どの話を信じるだろうか。

於《お》岩《いわ》稲荷田宮神社（通称 お岩さま）

❖東京都新宿区左門町17

左門町の細い路地を入っていくと、赤い旗がいくつも立っているので、すぐにわかる。ここ、於岩稲荷は田宮という名前が入っていることから、もともと田宮家の宅地であった場所に勧《かん》請《じょう》された由緒ある神社。

左門町の路地を挟んで向かい合う於岩稲荷と陽運寺

「四谷怪談」に出演する役者や俳優たちが上演または上映する前に必ず参拝し、無事を祈る。その石塔が多く見られることでも有名な神社である。

陽《よう》運《うん》寺《じ》

❖東京都新宿区左門町18

於岩稲荷田宮神社の正面にある日蓮宗の寺院であるが、目の前の於岩稲荷田宮神社が明治十二（一八七九）年の火災によって消失し、中央区の新川に移転したあと、地元の有志が「四谷於岩稲荷保存会」を立ち上げ、この時、本部に祀《まつ》った於岩尊という祠《ほこら》を大きくしたのが、この寺と「四谷怪談」のつながりであり、いま左門町の小路を挟んで両側に於岩稲荷が並んでいるのも、そのためである。

本堂には、於岩様の木像、また、於岩様ゆかりの井戸がある。

於岩稲荷田宮神社

❖東京都中央区新川2－25－11

四谷の於岩稲荷田宮神社が一時移転してきた時にできた神社だが、戦災で焼失。於岩稲荷田宮神社は、もとあった四谷に戻って再建されたが、この新川の神社も戦後、再興されたため、こちらにもある。

お岩供養水かけ観音

❖東京都新宿区四谷3-12　丸正食品チェーン総本店脇

於岩稲荷の再建を願い、地元四谷のために尽くした飯塚五兵《いいづかごへ》衛《え》が昭和四十六（一九七一）年九月、丸正食品株式会社本社社屋建築施工に伴い、祈願成就を願って本社敷地内に建立したもの。水をかけ、手を合わせていく買い物客も多い。

お岩は、いまでも四谷で生きているのだ。

町にしっかり根付くお岩さんへの想い

お岩の墓

❖東京都豊島区西巣鴨4-8-28　妙行寺

実在のお岩は、亡くなると、四谷の妙行寺《みょうぎょうじ》に葬られたが、その寺が西巣鴨に移転したため、いまこの地にお岩の墓がある。

境内に入ると「四谷怪談お岩様の寺」と書かれた碑が建っている。

たしかに田宮家代々の墓所があり、正面には小さな五重塔のお岩の墓。いまでも線香が絶えない。戒名「得證院妙念日正大姉」。

お岩の実像は果たして……

お岩通り商店会

❖東京都豊島区西巣鴨4丁目

都電荒川線新庚申塚《しんこうしんづか》駅近く。近所にお岩の墓があるところから、お岩通りと呼ばれている。

桜に匂う仲之町
間近く寄ってしゃっつらを拝《おが》み奉《たてまつ》れエエ

助《すけ》六《ろく》由《ゆ》縁《かり》江《のえ》戸《ど》桜《ざくら》《助六》

自分がひとりの女に絶対的に愛されていることが確かであるとわかると男は必ずその彼女が他の女より美しいか、美しくないかを意識しはじめる——。十九世紀のフランスの作家、スタンダールの『恋愛論』の中の一節である。

この芝居は、江戸で一番いい男が、誰もが認める吉原《よしわら》随一の美しい花魁《おいらん》に心から惚《ほ》れられ、愛され、守られた、男にはただただ羨《うらや》ましい話である。

幕が上がると、そこは華やかな吉原。それも、桜が爛漫《らんまん》と咲き誇る中央大通り仲之町《なかのちょう》は三浦屋《みうらや》の前。侍、町人、按摩《あんま》、玉子売りなどが行きかう。

そこへ、提灯《ちょうちん》の紋をひとつひとつ確かめているわけありの女。何探してるの？

「丸に三つ扇と、杏葉牡丹《ぎょようぼたん》、この二色の紋をつけてござる女郎衆をたずねまする」

「揚巻《あげまき》さんの紋じゃな」

揚巻といえば、この三浦屋お抱えの女郎で、吉原で「いま楊貴妃《ようきひ》」と呼ばれている誰もが認める一番人気の花魁である。

そこへ現れたのが、かんぺら門兵衛《もんぺえ》。このあたりの権力者「髭《ひげ》の意休《いきゅう》」の子分のごろつき。

門兵衛が揚巻に会おうとするところに、三浦屋の傾城《けいせい》・白玉《しらたま》や遣手婆《やりてばばあ》・お辰《たつ》、白酒売り・新兵衛《しんべえ》などが入り乱れて、そうはさせじと邪魔をする。

やがて門兵衛、手下とともに三浦屋の暖簾《のれん》口へ入る。と、同時に舞台に三味線の音とともに歌が響く。
〽初すががきの響くなる、初夜《しょや》は上野か浅草か、遠《えん》寺《じ》の鐘の声つれて、瀟湘《しょうしょう》の夜の雨、何ぞと問わん都鳥《みやこどり》、橋場庵崎《いおざき》待乳山《まつちやま》。

歌に合わせて、舞台より五人の花魁、花道より四人の花魁華やかに、めいめいの紋がついた箱提灯を手にした若い衆を先頭に現れ、舞台で勢揃《せいぞろ》いする。観客からため息と拍手が鳴り止まぬ吉原らしい、いかにも華やかな舞台上。
「あれあれ、あの提灯は。杏葉牡丹。揚巻さんであろうわいなあ」

花魁のひとりが、そう言うと同時に、折からの満開の桜の中、華やかな出囃子《でばやし》と提灯持ちを先頭に、吉原随一の美貌《びぼう》の花魁・揚巻一行が花魁道中さながらに登場する。

揚巻、美しい！
○○屋ァー。
思わず大向こうからかけ声が。

そして、探していた紋が一致した女が揚巻に近寄り、「自分は、助六の母。あなたに会いに行くたびに喧嘩《けんか》をしてくるから、どうか、息子を吉原に呼ばないでほしい」と頼む。

こんなところで、そんなことを言われてもと、困った揚巻。だが「あなたが母なら、私は嫁」と言って、自分がいかに助六を愛しているか告げる。助六の母親も、そんな健気《けなげ》な揚巻の女心がわかり、納得する。

そこへ「髭の意休」、金に物言わせる権力者らしく、顔に白髭をたくわえ、大柄な体に豪華絢爛《けんらん》の衣裳をまとって、女郎、数人の子分たちを従えて登場する。そして、目の前の揚巻に対して、さんざん助六の悪口のあと、「助六は盗人《ぬすっと》じゃ。助六と付き合うな」と言う。

これにはカッと血が上った揚巻、はっきりと、
「意休さんと助六さんをこう並べてみたところが、こちらは立派な男ぶり、こちらは意地の悪そうな顔つき、たとえて言おうなら雪と墨、硯《すずり》の海も鳴戸《なると》の海も、海という字は二つはなけれど、深いと浅いは間夫《まぶ》（愛人のこと）と客、間夫がなければ女郎は闇《やみ》。客さん方の真ん中で、悪態口はまだなこと、叩《たた》かりょうが踏まりょうが、手にかけて殺さりょうが、そ

れが怖うて間夫狂いがなるもんかいなあ」と言ったあと、堂々と啖呵《たんか》を切った。

「さあ、切らっしゃんせ、たとえ殺されても、助六さんのことは思い切れぬ。意休さん、わしにこう言われたら、よもや助けてはおかんすまいがな。さあ、切らんせ」

揚巻がそう言い残して、三浦屋に入って行き、さんざ、開き直られ、苦虫を噛《か》み潰《つぶ》した意休が残った吉原仲之町は三浦屋の前。

揚幕がシャリーンと開くと、河東節《かとうぶし》に乗って、蛇《じゃ》の目傘《めがさ》をつぼめて顔を隠したいい男。

「待ってました！　成田屋《なりたや》！」で、助六、颯爽《さっそう》と花道から登場。これが当世、人気役者・市川海老蔵《いちかわえびぞう》だと思いなせえ。

海老蔵ではない、花川戸助六《はなかわどのすけろく》。花道七三《しちさん》で、傘を開き、左手に持ち返ると、右袖《そで》を返し、正面を向いて決まる。

江戸紫の喧嘩鉢巻に、黒縮緬《くろちりめん》の着物、背中に尺八、赤い襦袢《じゅばん》で足元は桐下駄。右足を大きく踏み出し、重心を右足に乗せ、右手を一杯に伸ばして、開いた

傘を見上げた決まりポーズ。

早速、表にいた傾城たちから黄色い声が。

「助六さん、ちょっとこちらへござんせいなあ」

声を揃えて「早うここへ、ござんせいなあ」。モテモテである。

廓《くるわ》の用語で「煙管《きせる》の雨」。「冷えものでござい。御《ご》免《めん》なせえ、御免なせえ」と長床几《しょうぎ》に腰かける。

カッコいい。海老蔵ファン、水槽の中の金魚のように、口をパクパク。

あまりのモテぶりにおもしろくない意休、しかもさきほど、自分が金でものにしようとしていた吉原一美しい花魁揚巻までがこの男に惚れている。そいつが、花道から出てきて、いま自分の隣に座っている。意休、頭にカーっと血が上る。血圧二百に近い。

当然、意休、助六に喧嘩《けんか》を売るだろうと思ったが、意外にも、先に売ったのは助六だった。

「吉原に最近蛇が出るぞ。つらはりきんで惣白髪《そうしらが》、髭がある蛇だ。この蛇、毎晩、女に振られてる。それでも恥を恥と思わねえ。こいつが時折伽羅《きゃら》をたく。何のためかと思ったら、髭にたかったシラミのため。

いや、きゃら臭《く》せえ奴だ」

それでも、ぐっとこらえる意休、どうした。怖気《おじけ》づいたか。そこへ意休の子分、門兵衛以下がやって来て、助六にからむ。

「ぶちのめせ！」

だが、残念でした。ぶちのめされた。門兵衛、あまりの強さに驚き、名を尋《たず》ねる。

「ウヌ、お前は何という野郎だ」

「江戸八百八丁に隠れのねえ、杏葉牡丹の紋付も桜に匂う仲之町、花川戸助六とも、揚巻の助六ともいう若い者、間近く寄ってしゃっつらを拝み奉《たてまつ》れェエ」

門兵衛一味が「許せぬ」と助六に刀を抜いて、再び切りかかる。今度は本気だ。

「どぶいた野郎の、たれ味噌《みそ》野郎の、だしガラ野郎の、そばかす野郎め、引っ込みゃアがらねえか」

助六、そんなセリフを言いながら、喧嘩をはじめたが、あっという間に、敵の刀を取り上げ、持っていた尺八で門兵衛たちを叩きのめす。

あげくに、助六、下駄を脱いで、なんと、親分の意休の頭の上にのせる。

「さあ、抜け、抜かねえか」

意休、門兵衛たちは先に逃げていく。それを知った子分たちも、助六が脇差《わきざし》を抜くと一斉にアリの子を散らしたごとく逃げていく。

残ったのは、助六と白酒売り・新兵衛。この新兵衛は助六の兄で、曾我十郎祐成《そがのじゅうろうすけなり》、助六は実は曾我五郎時致《ごろうときむね》。

ふたりは源氏の宝刀「友切丸《ともきりまる》」を探すために、江戸に出て、わざわざ喧嘩を売っては、怒らせ、相手に刀を抜かせ、その刀が自分たちの探している宝刀かどうか確かめていたのだ。

道理で、助六は悪態をつくのがうまかった。

そして、この「友切丸」を持っていたのは、そう、「髭の意休」こと伊賀平内左衛門《いがのへいないざえもん》だと判明した。

揚巻の協力で、その事実を知った助六こと曾我五郎時致は、見事、平内左衛門を討ち「友切丸」を手に入れ、揚巻に別れを告げ、吉原の屋根づたいに去っていく。

チョンチョンチョンチョンチョンチョンと柝《き》が入り、打ち出し。なんだかなあ。

知ればもっと面白い！

◆モデルとなった「三人の助六」

歌舞伎の狂言に「実ハ……」という話が多く出てくるのは周知のことだが、さすがに曾我兄弟の話を詳しく知っている人は少なくなった。NHKの大河ドラマもやらない。

曾我兄弟とは、鎌倉時代、源頼朝《みなもとのよりとも》が狩りに出た際、家臣である曾我祐成と時致が父の仇《かたき》・工藤祐経《くどうすけつね》を討ち、兄はその場で斬《き》られ、弟は斬首《ざんしゅ》されたという「曾我物語」の主人公たちである。実は、この話は、前述の「赤穂義士の討入《うちいり》」「渡辺数馬《わたなべかずま》と荒木又右衛門《あらきまたえもん》による伊賀越えの仇討ち」と並んで、日本三大仇討ちのひとつとされている。芝居の冒頭で出てきたわけありの女は、満江《まんこう》といって、曾我兄弟の母である。

それにしても、助六が活躍する吉原ができたのは江戸時代、そこに鎌倉時代の仇討ちが組み合わさる荒唐無稽《こうとうむけい》さは、いかにも歌舞伎らしい。

さて、話を芝居に戻そう。実は、この花川戸の助六のモデルは三人いるといわれている。

ひとりは、江戸は浅草の大店《おおだな》の若旦那の「助六」、次に京や大阪で、江戸の幡随院長兵衛《ばんずいいんちょうべえ》と並び称される侠客で、名を「萬《よろず》屋《や》助六」といった。この男が総角《あげまき》という島原の遊女と心中したという事件が元だという説が二人目、三人目は江戸吉原で豪遊を繰り返した大口屋暁雨《おおぐちやぎょうう》という粋人。

この人、文化人でありながら、小粋《こいき》で気前よく、まさに江戸の伊達《だて》男。二代目團十郎の贔屓《ひいき》で、不入りの芝居が出たら、客が入っていない席の残りの木戸銭をすべて払ったそうで、そのうち、二代目團十郎が大口屋の身なりを真似《まね》、鉢巻を締めはじめたともいわれている。

もし、暁雨が黒羽二重《くろはぶたえ》に緋博多《あけはかた》の帯、鮫鞘《さめざや》の刀を差し、桐下駄の助六のようななりで、紫の長い鉢巻姿で毎晩、吉原で豪遊していたら、さぞ、花魁たちにモテたであろうし、助六のモデルになってもおかしくないが、定かではない。

九代目市川團十郎筆による「助六歌碑」

❖東京都台東区花川戸2－4－15　花川戸公園内

浅草に助六に関する歌碑が建っている。

「助六にゆかりの雲の紫を　弥陀《みだ》の利剣で鬼は外なり　團洲」

團洲とは九代目市川團十郎のことで、歌碑は明治十二（一八七九）年、團十郎が中心となり、日頃世話になっている日本橋の須永《すなが》彦《ひこ》兵衛《べえ》という人を顕彰して、彦兵衛の菩提寺に建立したとされる。

しかし、関東大震災で崩壊、しばらく土中に埋没していたが、この地に移されて再建されたといわれている。

花川戸公園から浅草、隅田川散策に向かうのも楽しい

助六・揚巻の比翼塚《ひよくづか》

❖東京都足立区東伊興4－5－5　易行院

助六と揚巻の墓が、助六地蔵とともに祀《まつ》られている。ふたりが仲良かったことから、結婚成就を願うカップルや夫婦円満を願う夫婦が訪れている。

易行院《いぎょういん》の記録によると、助六のモデルになったと思われる人物が亡くなったあと、いつの間にか無縁仏になっていたのを知った七代目團十郎が、当時浅草にあった易行院に塚を建て、大法要を営み、助六と揚巻を供養したそうだ。

以来、易行院は「助六寺」と呼ばれ、昭和初期に現在地に移転し、現在に至っている。易行院は「笑点」の元司会者・五代目三遊亭圓楽《さんゆうていえんらく》の実家である。

助六寿司

なぜ、のり巻きとお稲荷さんの入ったお弁当を「助六弁当」または「助六寿司」というか、ご存知だろうか？　助六の愛人が揚巻、すなわち「あげ」と「まき」なので、稲荷寿司とのり巻のセットを「助六」と呼ぶようになったのだ。

ただし、西日本ではのり巻きの具に「かんぴょう」は使わず、卵焼きなどの太巻きになる。

お若《わけ》えのお待ちなせえやし

幡《ばん》随《ずい》長《ちょう》兵《べ》衛《え》精《しょう》進《じん》俎《まな》板《いた》

眉目秀麗《びもくしゅうれい》の美青年がいる。故郷を追われ逃げる途中、無法者の群れに襲われる。どうにか難を逃れた時、後ろから響く低い声が。「お若《わけ》えの、お待ちなせえやし」その男こそ、裏の世界で広く世間に知られた大親分だった――。

まるでハードボイルド映画のようなオープニングである。さあ、幕が上がる。

後ろ一面の黒幕。舞台中央上手寄りに「南無妙法《なむみょうほう》蓮華経《れんげきょう》」と彫られた石塔。ここ東海道は、夜の鈴《すず》ヶ森《もり》である。

星の見えない夜空の下、人相の悪い雲助《くもすけ》（悪い駕籠《かご》かき連中）たちが集まり、焚火《たきび》にあたっている。ザーッ、ザーッ、波の音が響く。

目の前を飛脚が通りかかる。雲助たちが一斉に飛脚を囲み、脅《おど》すと、飛脚が担いでいた荷物を奪う。

この中に、何か金儲《かねもう》けにつながるものはないかと探すと、出てきた。因州《いんしゅう》江戸屋敷役人宛の一通の手紙。読めば、人を殺して江戸へ逃げた藩士がいるから、捕らえて国許《くにもと》に送り返せとの知らせだ。

頭のいい雲助がいるものだ。駕籠かき風情《ふぜい》で武士の手紙が読めるなんて。この男も元はいいとこの坊ちゃん。落ちこぼれか。

「この手紙によると、いま、ここへ丸に井の字の紋《もん》付《つき》を着た侍が通るはずだ。そいつをひっ捕まえてさ、因州の江戸屋敷に連れて行けば大金になる。よし、

やろう」

「合点だ」

暗闇《くらやみ》の中、待ち構える雲助たち。そこへ、案《あん》の定《じょう》、駕籠が。雲助が合図すると、駕籠は止まった。駕籠の中より、大小腰に、ひわ色（黄色の勝った萌黄《もえぎ》）の衣装でスーッと登場する美青年・白井権八《しらいごんぱち》。そこで一声。「あたりは、浜辺のようじゃな」

雲助たちが言いがかりをつけ、権八に襲いかかる。だが、美剣士にかなうわけもない。

舞台は鳴り物が鳴り、立ち回りになり、雲助、かなわぬ相手とみるや、自分たちの駕籠を置いたまま、蜘蛛《くも》の子を散らすがごとく、一斉に逃げる。

白井権八、最後のひとりにとどめを刺し、たまたま、近くに止まっていた駕籠の提灯《ちょうちん》の灯りで、いま、雲助を斬《き》った血まみれの刀を見る。真っ暗な静かな夜。駕籠提灯の風に揺れる蠟燭《ろうそく》の光だけが、あたりを照らす。

すると突然、その駕籠の簾《すだれ》があがる。ハッとする権八。まさか、灯を借りただけの駕籠に人が乗っていたとは。驚いて行きかける美青年。

駕籠の中の客のドスのきいた声が、鈴ヶ森に響く。

「お若《わけ》えの、お待ちなせえやし」

「待てとおとどめなされしは、拙者《せっしゃ》がことでござるかな」

「さようさ。鎌倉方《がた》のお座敷へ、多くの出入りのわしが商売。それをかこつけ有りようは、遊山《ゆさん》半分江ノ島から片瀬へかけて思わぬ暇《いとま》取り、どうせ泊りは品川と、川端からの帰り駕籠、通りかかった鈴ヶ森、お若えお方のお手のうち、あまり見事と感心いたし、思わず見とれておりやした。お気づかいはござりませぬ。まあ、お刀をお納めなせえまし」

そう答えたのは、江戸の俠客・幡随長兵衛である。長兵衛、駕籠から出て、権八になぜに雲助に襲われたのか、その事情を尋《たず》ねる。

権八、自己紹介をし、藩士殺害の追われの身であることを隠し、江戸に仕官先を探しに来たと偽《いつわ》る。今度は逆に権八が長兵衛に聞く。

「して、其許《そこもと》の御家名は」

「問われてなんの何某《なにがし》と、名乗るような町人でもござりませぬ。しかし産まれは東路に、身は住み慣れし隅田川、流れ渡りの気散《きさん》じは、江戸で噂《うわさ》の花川戸、幡随長兵衛という、いやも、けちな野郎でござります」

幡随長兵衛と聞いて驚いた権八。自分が育った因州まで知れわたった江戸の大親分。「それは祖父。自分はその孫」と言いながら、幡随長兵衛の自己紹介は続く。

「弱いヤツなら除《よ》けて通し、強いヤツなら向こう面、韋駄天《いだてん》が革羽織で鬼鹿毛《おにがげ》に乗って来ようとも、びくともするものじゃごぜえやせん。及ばずながら侠客《たてし》のはしくれ、阿波座烏《あわざがらす》は浪花潟、藪鶯《やぶうぐいす》は京育ち、吉原雀を羽交《はがい》につけ、江戸で男と立てられた、男の中の男一匹、いつでもたずねてごぜえやせ。陰膳《かげぜん》すえて、待っておりやす」

と、突然、松の木に向かって権八、つぶてを投げる。それまで隠れていた雲助が木から飛び降りてきたからだ。

「権八、覚悟!」

権八、後ろにまわって雲助をねじ上げる。長兵衛、「斬《き》っておしまいなせえ」。権八、抜き打ちに斬る。

「長兵衛どの」

「権八どん」

「ゆるりと江戸で」

権八、刀を鞘《さや》に。長兵衛、合羽《かっぱ》を肩にかけ、双方見合ったところに柝《き》のかしら。

「会いましょう」

カッコいい。超カッコいい。

昔のフランス映画なら、アラン・ドロンとジャン・ギャバンが深夜のパリの街角で別れるシーン。いや、話を戻す。

このあと大詰《おおづめ》で、お尋ね者でありながら、吉原《よしわら》の花魁《おいらん》・小紫《こむらさき》と恋仲になった権八の身を守るために、小紫を身請けしようとする武士・寺西閑心《てらにしかんしん》の面前に息子を俎板《まないた》に乗せて、その命を差し出す長兵衛……。

「さあ、長兵衛が倅《せがれ》の長松《ちょうまつ》、御家来衆のいわば敵、あなたのお顔を立てるため、その俎板でお手料理、煮るとも焼くとも刺身でも、旅とちがって江戸前の、この長兵衛が生けすの魚、あなたの差したる太刀魚で、親が見る前細造り、あらの出ぬ骨付きはわしにくだせえ。形見と分けて貰《もら》いとうござります」

なるほど、それで演題が「幡随長兵衛精進俎板」。

知れば もっと 面白い！

本当は出会うことのなかった幡随長兵衛と白井権八

幡随長兵衛、白井権八。主人公のこの二人、ともに実在の人物ではあったが、生きていた時代は同じではない。

長兵衛は肥前唐津《ひぜんからつ》藩士の子で、塚本伊太郎《つかもといたろう》といった。父は同輩を喧嘩《けんか》の末、斬《き》り殺し、ために上州桐生《きりゅう》に逃げたが、そこで割腹。伊太郎は江戸へ出た。

『役者見立東海道五十三駅』（一陽斎豊国・画、国立国会図書館蔵）から「東海道五十三次の内 品川駅 幡随院長兵衛」

やがて、下谷《したや》神吉町《かみよしちょう》にあった幡随院前の長屋に住み、長兵衛と改名、持ち前の腕っぷしと度胸で、江戸の無頼連中を手下にし、人入れ稼業で名を売った。

花川戸に移ってからは、幡随院前に住んでいた関係から、幡随院長兵衛と名乗ったが、まわりには、幡随院と書いて「ばんずい」と呼ばせたようである。

彼を親分と慕《した》う子分たちは、時に、小頭三十六名を含め、三千人いたといわれている。しかし、江戸市中を仕切っていた旗本・水野《みずの》十郎《じゅうろう》左衛《ざえ》門《もん》と対立、謀殺《ぼうさつ》された。

その時、長兵衛、三十八歳だったといわれている。

これは別の演目「湯殿の長兵衛」として、いまでも演じられている。

もう一人の主人公・白井権八は鳥取藩士・平《ひら》井《い》正《せい》右衛《え》門《もん》の子。したがって、芝居では白井だが、モデルは鳥取藩士・平井権八である。若い時から血気盛んで、父が同家中、本庄助太夫《ほんじょうすけだゆう》に侮《あなど》られたのを遺恨に思い、助太夫を殺害。江戸へと出奔した。

　そして、江戸で吉原三浦屋の花魁・小紫と馴《な》染《じ》み、金策のために、百三十件の辻斬《つじぎ》りをしたといわれている。やがて、自首。品川で獄門《ごくもん》にかかった。

　この小紫との実話をもとに書かれたのが、別の演目「其小唄夢廓《そのこうたゆめのよしわら》」である。

　もちろん、時代が違うため、長兵衛と権八のふたりは出会うことはなかったが、初代桜田《さくらだ》治助《じすけ》がこのふたりを主人公に、「幡随長兵衛精進俎板」を書き、享和三（一八〇三）年八月の中村座で、初演された。

　また、四代目鶴屋南北《つるやなんぼく》の「浮世柄比翼稲妻《うきよづかひよくのいなづま》」をはじめ、この鈴ヶ森での長兵衛と権八の出会いからはじまる幡随院長兵衛および白井権八の物語は、以後、たくさん描かれている。

　なぜ、時代の違うふたりを芝居の中とはいえ、戯作《げさく》者たちは、出会わせたのだろうか。

　実は、幡随院長兵衛が男色家だったという説がある。

　弱い者を助け、つねに権力者に立ち向かう江戸の、男でいながら男を愛する、粋《いき》でいなせな大親分と、お上に追われながら、血が騒ぐまま、辻斬りを繰り返す美青年剣士……。多くの戯作者が筆を執《と》りたくなる「何か」がそこにあったのかもしれない。

　花形役者の美貌と大物役者の貫禄がこの芝居を人気演目にしている。

鈴ヶ森では多くの罪人が斬首された

鈴ヶ森刑場受刑者之墓

❖東京都品川区南大井2−5−6　大経寺内

白井権八（平井権八）が処刑された地。舞台にも登場した三メートルを超す御影石《みかげいし》に彫られた「題目供養塔」がいまでも往時を伝えている。元禄十一（一六九八）年建立。

それにしても「あたりは浜辺のようじゃ」と言っただけで、客席に潮の香りが漂ったという、名人と謳《うた》われた六代目尾上菊五郎の芸談もすごい。

現在の品川では、大きく息を吸っても「潮の香り」はしないかもしれない。

幡随院

❖東京都小金井市前原町3−37−1

徳川家康が江戸開幕にあたって開山させた寺。

下谷神吉町にこの寺があった時代、長兵衛は、幡随院前の長屋に住んでいたことから、幡随院長兵衛または院を省略して、幡随長兵衛と名乗った。

昭和十五（一九四〇）年にこの地に移る。

北側の丘の上には、一見すると、奈良の唐招提寺《とうしょうだいじ》かと思われる阿弥陀《あみだ》堂がある。

山号は神田山。寺号は新知恩寺。

幡随院長兵衛夫妻之墓

❖東京都台東区東上野6−19−2　源空寺内

長兵衛とその妻・きんの墓は、寺と道を挟んだ墓地にある。この寺には、伊能忠敬《いのうただたか》や谷文兆《たにぶんちょう》の墓もある。

墓碑の後ろに並んでいるのが夫婦の墓

権八・小紫の比翼塚《ひよくづか》

❖東京都目黒区下目黒3−20−26　瀧泉寺（目黒不動）内

白井権八が獄門にあった後、愛人であった三浦屋の小紫が当時、目黒不動前にあった東昌寺《とうしょうじ》の権八の墓前で自害したことを後世に伝える塚。東昌寺は廃寺。

お前が坊様になると私も生きてはおりませぬわいな

其往昔《そのむかし》恋《こいの》江戸《えど》染《ぞめ》《八百屋《やおや》お七《しち》》

江戸時代、少女は十五歳まで。十六からは、女である。
このわずか一歳の境目で、恋に落ち、江戸の刑場、鈴ケ森、それも多くの見物人の前で無残にも、火あぶりの刑になった一人の乙女がいた。

その主人公――。

かねやすまでは江戸のうち、江戸は本郷五丁目、八百屋徳兵衛《とくべえ》（芝居では久兵衛《きゅうべえ》）の娘・お七《しち》である。

誰にでも経験のある娘心にほのかに芽生えた恋が、なぜ、可憐《かれん》なお七を紅蓮《ぐれん》の炎熱地獄に突き落としたのか。ラブ・イズ・ブラインド。それが、この芝居の見どころである。

この舞台、巷《ちまた》で知られているのは、こんな話ではないだろうか。

八百屋の美しい娘お七が、たまたまあった火事で、一家が避難し暮らした寺で知り合った小姓《こしょう》に恋をした。だが、一段落すると、また元の八百屋に戻った。そうなると、なかなか会えない。だとしたら、もう一度火事になれば、愛《いと》しい人に逢《あ》えると、新たに建て替えた自分の家に火を放つと、思いもよらぬ江戸中を焼き尽くす大火事になった……。

だが、同じ八百屋お七が主人公でも、このお芝居、そういう話ではない。

おや？　じゃ、どんな話だろうと、誰でも思う。

通説によれば、お七が実際に恋したのは寺小姓の吉三郎《きちさぶろう》ではあるが、歌舞伎では、なんとこの吉三郎、曾我十郎祐成《そがのじゅうろうすけなり》の忘れ形見。

ということは、吉三郎は、最初にお七と吉祥寺《きちじょうじ》で出会った時は坊主ではなく、若衆髷《かつら》、振袖《ふりそで》に袴《はかま》、大小差した凛々《りり》しい若衆だったということになる。

しかも、この吉三郎、親の遺言によって、出家することによって、身の危険から逃れるために、たまたま、お七が火事で避難していた時に、吉祥寺にお供を連れて滞在していたというのだ。

この吉三郎、また眉目秀麗《びもくしゅうれい》のいい男。だが、どんなに美しい若衆なれど、相手は由緒正しいお武家の出。町人の、八百屋の娘などが決して惚《ほ》れてはならぬ相手であった。

そうとは知らぬお七、「あの、吉三さんと私と……どうぞ女夫《めおと》にして下さんせいなあ」とまわりに訴える。母親もいっしょになって、ふたりが結ばれるよう頼むが、相手にされないどころか、馬鹿にされ、念を押される始末。

「情けない。あなた（あのお方）をどなたじゃと思わっしゃるぞ。河津《かわづ》の三郎祐安《さぶろうすけやす》様の孫、十郎祐成様の御嫡男《ちゃくなん》が、八百屋風情《ふぜい》の聟《むこ》となってござるのを、冥途《めいど》にござる御兄弟（曾我十郎、五郎）が、よろこばっしゃろうか、憎まっしゃろうか。いかに曾我の人々が落ちぶれたればとて、十郎の倅《せがれ》の成行を見よと、後ろ指をさされても、お七が不憫《ふびん》に代えられましょうか。見下げ果てたる根性じゃなあ」

由緒正しい家の御曹司《おんぞうし》と八百屋の娘、誰が、どう考えても結ばれるわけはない。

だが、お七には、武器があった。「天女《てんにょ》の再来」と言われるほどの美貌《びぼう》である。

まわりにいくら頼んでも埒《らち》があかないお七、なんとなんと、直接、吉三郎に告白する。

「これ、吉三さん、これほど思うている私が心、なぜにお前は思いやって下さんせぬ」

だが、吉三郎、そこまで言われても美貌に迷わない。えらい！　普通は迷う。吉三郎の出家の決意は固かった。ラブ・イズ・オーバー。だが、食い下がるお七。

「そんならどうあっても、お前は坊さんになられしゃんすのかえ」

うるせえ女だなあ。坊主になるって、さっきから何度も言ってるじゃないか、と怒ればいいのに、どこまでも優しい吉三郎。慰《なぐさ》めにまわる。

「さあ、このことばかりは叶《かな》わぬほどに、どうぞ思い切って下されいのう」

お七もお七。自分でコクり、そのうえで本人に断られたのだから、諦《あきら》めればいいのに、決して諦めない。いやや、振られれば振られるほど熱くなる火事場の纏《まとい》。恐ろしきは、女の執念。

お七、吉三郎に次に出会ったのを絶好の機会と、「ねえ、祝言《しゅうげん》をしちゃいましょうよ」と勝手に迫る。「さあ、盃《さかずき》して下さんせ。もうかかさんの言いつけじゃによってな、かまうことはござんせぬ」

なんとか必死でその場を言い逃れる吉三郎。

「わしが今日ここへ人目を忍んで来たも、明日剃髪《ていはつ》して出家になる暇《いとま》までに来ましたわいのう」

驚いたお七、思わず泣き叫ぶ。

「おまえは私が事、どうなろうとも、なんとも思わず坊さんになるのなんのと、坊様になるなら、ならしゃんせ、おまえが坊様になると、私も生きてはおりませぬわいな」

あまりにお七が泣き叫ぶので、吉三郎はここでウソをついてしまう。これがいけない。

よくあるケース、女に死ぬと言われて、男は「勝手に死ね」となぜ言えない。

「ああ、これこれ、泣かっしゃるな、泣かっしゃるな。いま言うたの嘘《うそ》じゃわいの」

別に出家するのは、明日でなくてもいいので、そんなに泣いてくれるな、と言った。

お七は「だったら、いまここで盃を」と結婚を迫る。「いや、今日は帰る」「帰さない」。

そして、お七は吉三郎のかぶっていた笠を奪い、放り投げ、笠をあわてて拾い上げようとする吉三郎めがけて全身で抱きつき、床の上に覆《おお》いかぶさる。あとは書かない。

そんなお取込みのところへ、曽我の御曹司・吉三郎を敵から守ろうという役人と僧侶たちがやって来る。いまや、敵に狙われ、このままでは、生き伸びられるか、殺されるかの瀬戸際、風前の灯《ともしび》の吉三郎。今夜のうちに剃髪をさせ、出家させなければと、彼らは強引に吉三郎を連れて行こうとする。

時は、暮六《くれむ》つ。役人が叫ぶ。

「番人ども、木戸を打て、打て」

「ハハア」

木戸が閉まれば、人は、町内から出られない。

目の前で起こっていることがわからないお七は、
下女・お杉《すぎ》に吉三郎が大勢の坊様や役人に連れて行かれたことを訴える。お杉が説明する。

「もうほうぼうの木戸が閉まりましたによって、翌日の朝早く私が連れて行ってあげましょうから、そうなされませ」

明日では間に合わない。吉三郎が坊様になったら、もう会えない。パニくる十六歳。

あまりに駄々《だだ》をこねるお七にお杉が言う。

「あるぞえ、行けるぞえ、あの太鼓を打った時は、ほうぼうの木戸が開くと書いてあるこの触書《ふれがき》……」

「さあ、行かれるなら太鼓打って、早《はよ》う木戸を開けて連れて行てたも行てたも」

触書の続きを読んで驚くお杉。ああ、いけない。叩《たた》いちゃダメ、ダメ。


「もうし、お待ちなされませお七さん、みだりに太鼓を打つ者あれば、重き曲事《きょくじ》申し付けるものなり……。こりゃいけませぬ。こりゃ悪い悪い。なりませぬわいなあ。おお、こわやのこわやの」

その時、お杉がお七の母に呼ばれる。ひとりになったお七、

「ええ、お杉の意地悪め。なんのわしひとりで行けぬと思うて。行かいでかいのう、行ってみせる」

と花道へ。だが木戸が閉まっているので戻ってくる。そして、ふと、お七、櫓《やぐら》の太鼓に目をやった。お七の女心に紅蓮の炎のスイッチが入り、点火された。

「今お杉が言いやるには、あの櫓の太鼓を打つ時は、ほうぼうの木戸が開き、吉祥寺へもどっちへも行かれると言いやったが、たとえ杉に叱《しか》られりょうとまま、吉三さんに逢いとう思うわしが一念、打てば打たる櫓の太鼓」

お七、恋の一念、全身の力を込めて高い櫓の梯子《はしご》を上がりはじめる。振袖が揺れる。ついに櫓の上に立ち「ドーン」とこわごわ、撥《ばち》で叩く。これを合図にあちこちの木戸の太鼓がドンドンと鳴る。

「いくさでも起こったか」と群衆が出て、あたりはごったがえす。役人が現れ、家主や月番を集め、犯人探しの詮議《せんぎ》に入る。見つからない。ふと見上げると櫓の上にお七が……。なんで、お七が櫓の上に。

馬上の羽織袴《はおりはかま》、陣笠に大小差した役人・仁田四《にったし》郎忠常《ろうただつね》がお供の武士、捕手を連れて登場。

「七よ。こりゃそちがあれへ上がったは、さだめし往来の人が騒ぐのが、それが怖さにあの櫓に隠れていたであろうな、そうかそうか」

だが、お七は正直に櫓の上にいた理由を答えた。

「あの太鼓を打つと、木戸が開く。木戸が開けば吉三さんに逢える」と。

町役人、それを聞き、立ち上がる。

「それ、お七に縄打て」

「待て！」

「なぜ、留めっしゃる」

忠常はとっさに事情を察し、お七はまだ年端《としは》もゆかぬ子供ゆえ、自分が預かり、いましめを与えるので、この場を収めようとする。

「すりゃ、この女をお手前が」

「さようでござる。ごらんなされい。形はこのように大きゅうござるが、一向まだまだ年が行かぬと見えます。これ、お七よ。そのほうは幾《いく》つじゃ。おおかた十五であろうな」

「いえ、私は十六になりまする」

馬鹿。まだ十五歳だと言え、十五歳と。

忠常、咳《せき》ばらいをしながら、お七の母や町内の者にお七の年を尋《たず》ねる。十五歳なら、いまでいう未成年ゆえ、死罪は逃れられる。

「はい、さようでございます。これお七、何をうろたえておる。ありように十五じゃと申し上げや」と母。皆々も「はいはい、十五でございます」と連なる。

「これこれ正直に申せば、おのれが逢いたがる吉三とやらに逢わせてやるほどに」と言われたお七、「そんなら正直にさえ言えば、吉三さんに逢われますかえ」

「いかにも」

「吉三さんに逢われるなら、その、ほんまの年は」

「幾つになるぞ」

「はい、十六になりまする」

知ればもっと面白い！

八百屋お七は実際は何をしたのか？

もちろん、お七は実在の女性である。お七の生家が江戸は駒込片町《かたまち》の大きな八百屋であったことから「八百屋お七」と呼ばれていた。

また一説には、お七はもともと上総《かずさ》の生まれで、養女として駒込の大きな八百屋にもらわれて来たという話もあるが、お七という女性が実在したことは間違いがない。

延宝九（一六八一）年二月、家の近くにあった本郷丸山の大円寺《だいえんじ》が火元の大火事が起こり、お七の家が類焼したため、一家は小石川・指《さし》ヶ谷《や》の円乗寺《えんじょうじ》（一説には正仙寺《しょうせんじ》）で暮らすことになった。

現代でいえば、災害における緊急の避難所生活である。

やがて、八百屋は再建され、お七は元の家に戻ることになったが、避難している間に恋仲になった円乗寺の小姓・山田《やまだ》左兵衛《ひだりひょうえ》（または生《いく》田《た》庄之助《しょうのすけ》）と逢いたい一心で「また火事にさえなれば、逢える」と思い込み、翌年、新築の自宅に火を放った。

その時の火事は、大火事でなく、ボヤ程度だったともいわれている。

まもなく犯人としてお七は捕らえられたが、「火付け」の罪は重く、天和三（一六八三）年、鈴《すず》ヶ森《もり》で火あぶりの刑になった。

年少の娘が極刑になったこの「事件」は、世の話題をさらい、早くから潤色《じゅんしょく》され、貞享三（一六八六）年にまず井原西鶴《いはらさいかく》が「好色五人女」の中で、恋相手を吉祥寺小姓・小野川吉三郎《おのがわきちさぶろう》としたところから、避難した寺が吉祥寺で、相手は吉三郎という話が広まったようだ。

次いで、この実話再現物語は、浄瑠璃《じょうるり》、歌舞伎などおびただしく発表され、文化六（一八〇九）年に初演された福森久助《ふくもりきゅうすけ》作のこの「其往昔恋江戸染」もそのひとつである。

お七・吉三郎の比翼塚《ひよくづか》

❖東京都文京区本駒込3−19−17　吉祥寺内

この広い境内に、恋仲だったお七と吉三郎を供養する比翼塚の石塔が建ち、ふたりの思いをいまに伝えている。井原西鶴の小説に出てくる吉祥寺と吉三郎。

実在のお七とは関係ないが、いわば、三百数十年も前の物語の主人公たちの恋を偲《しの》んでいると思えば、心が和《なご》むというものである。

お七の墓（一）

❖東京都文京区白山1−34−6　円乗寺内

円乗寺は、お七が寺小姓と恋仲になるきっかけになった寺だといわれ、実際、恋に命を捧げたお七を弔《とむら》うべく三基の墓がある。

中央は、寺の住職が菩提寺としてお七の供養のために建てたもの。向かって右側が、寛政年間、時の名優岩井半四郎《いわいはんしろう》がお七を演じた縁で建立したもの、左側は檀家の人たちがお七の二百七十回忌を記念して建てたものだそうだ。

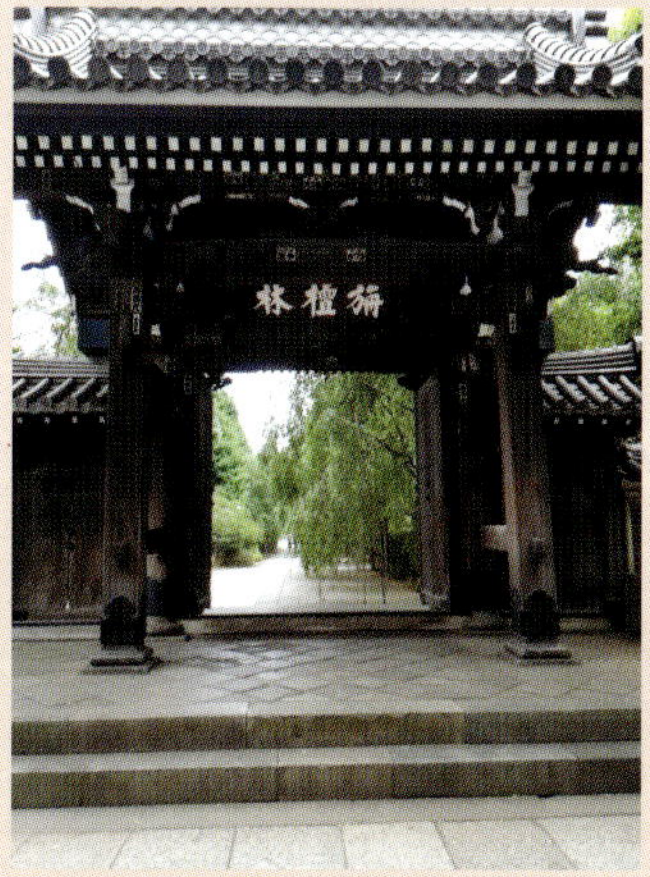

（上）お七・吉三郎の比翼塚
（下）吉祥寺の山門

ほうろく地蔵尊

❖東京都文京区向丘1−11−3　大円寺内

大罪を起こしてしまったお七の身代わりとして、焼かれる苦しみに耐える地蔵として、ほうろく地蔵が、最初の火元であった大円寺に安置されている。大円寺が火を出さなければ、お七の恋も生まれない。なれば「事件」も起こらない。

その寺に安置されているお七の身代わり地蔵——思わず、手を合わせてしまう。

お七の墓(二)

❖千葉県八千代市萱田町640　長妙寺内

お七は、現在の八千代市に生まれ、江戸本郷の八百屋徳兵衛の養女になった縁から、事件後、お七の遺髪を受け取った実母がそれをこの寺に運び、享保四（一七一九）年、篤志家《とくしか》の渡辺《わたなべ》九兵衛《きゅうべえ》が墓を建て、寄贈したものといわれている。

火あぶりになる前に、お七が髪を後世に残すために切ったのだろうか。

長妙寺は、江戸時代、江戸と成田を結ぶ街道の中間地点にあり、栄《さか》えた寺であった。

お七の名前は、両親が願《がん》をかけていたこの寺の「七面様」からとったという説が残されている。

お七の井戸

❖東京都目黒区下目黒1−8−1

お七の恋の相手（芝居では吉三郎）は、のちに西運《さいうん》という僧となり、目黒の明王院《みょうおういん》（廃寺）の住職になったとされる。彼は近くの行人坂《ぎょうにんざか》の改修や橋の架設に尽力しつつ、お七を弔うために、目黒から浅草まで往復十里（約四十キロ）の道を毎日、鉦《かね》を鳴らし、念仏を唱えながら「一万日の行」を行ったという。

そして、二十七年五カ月かけて遂行した夜、お七が「おかげで成仏できました」と夢枕に立ったという話が残されている。

明王院跡のホテル雅叙園《がじょえん》内に、その西運が体を洗ったという井戸が残されている。お七が命を賭けた恋の相手は、間違いがなかったということかもしれない。

福寿稲荷社(お七稲荷)

❖神奈川県横浜市緑区長津田6−4

お七の処刑時、彼女を乗せた馬の手綱を引いた岡野房勝《おかのふさかつ》がお七の冥福を祈って、屋敷近くに稲荷を建立したといわれている。十六歳になったばかりの乙女の火あぶりの刑は、目を覆《おお》うことが許されない役人の立場からしても、思わず稲荷を建立したくなるほど悲惨だったのに違いない。

現在はうっかりすると見落とすほどの祠《ほこら》が残るのみ。

しがねえ姿の、横綱の土俵入りでござんす

一本刀土俵入《いっぽんがたなどひょういり》

その昔、歌謡曲の歌詞に「義理」という言葉がよく使われていた。
だが、いまの若い歌手やグループの歌詞にはまず見当たらない。
「義理」とは何か——「世の道理」「人として行うべき道」と辞書にはあった。

常陸《ひたち》の国取手《とりで》の茶屋旅籠《はたご》「安孫子屋《あびこや》」の前を、ひとりの小太りの力士志願の若い男が通りかかる。汚い単衣《ひとえ》を着て、素足に草履《ぞうり》。デブのくせに腹をすかせて、いまにも倒れそうだ。いったん相撲取りになることはなったのだが「見込みがない」と親方から旅先で追い出されたばかり。

二階で「越中《えっちゅう》おわら節《ぶし》」を三味線を爪弾《つまび》きながら口ずさんでいた酌婦《しゃくふ》が、窓から見下ろしている。よく見れば、かなりの美人だが、この女、どこか人生を捨てた感じがする。

眼下をとぼとぼと歩いている若い男に興味を抱いたのか、二階から声をかける。

「ねえ、取的《とりてき》さん、国はどこさ」

「上州さ。勢多《せた》郡の駒形という処《ところ》だ。前橋から二里《り》ばかりの処さ」

酌婦が二階から詳しく事情を聞くと、この若い取的の父親は行方《ゆくえ》知らず。母親は亡くなっている。そして、取的はこう言う。

「わしは故郷のおっかさんのお墓の前で土俵入りをしてみせたいんだ。そうしたら、もう、わしはいい

んだ」

家族もいない。親戚もいない。金も一文《もん》もない。それでも、江戸へ行って、もう一度、やり直して、今度は横綱になるという。酌婦も自分の故郷を思い出し、この取的に同情したのか、持っていた小銭の入った巾着《きんちゃく》を渡し、さらに「それじゃあ足りないだろうから」と櫛《くし》と簪《かんざし》を扱帯《しごき》に巻き付け、二階から垂らす。

「人にこんなに親切にされたのは初めてだ」と、取的は泣く。

「姐《ねえ》さん、名前はなんというんでしょう」

女は「おわら節」で有名な越中八尾《やつお》の生まれで、お蔦《つた》と名乗り、こう言う。

「横綱の卵は、泣き虫だねえ。早くお取り。人が見るとおかしいよ。いいかい。取的さん、きっと横綱になるんだよ。そうしたら、あたしはどんな都合をしたって一度は、お前さんの土俵入りを見に行くよ。ところで、名はなんて言うんだい」

「わしは、駒形《こまがた》と名をつけてもらっています。名前は茂兵衛《もへえ》です。姐さん、わし、出世しても駒形茂兵衛で押し通します」

「それだとあたしがすぐにわかっていいねえ。じゃあ、お行き、さようなら」

　別れてしばらくして、お蔦、何げなく安孫子屋の二階の窓から向こうを見ると、夕焼けのまぶしい中、遠くに茂兵衛の姿。

「あれ、まだこっちを向いてお辞儀《じぎ》をしているよォ。そんなにうれしかったのかねえ。立派な横綱になるんだヨ。よーよー、こ・ま・が・た――ッ」

　それから十年が経《た》った春のある日のこと。旅のやくざ者がひとり、三度笠をかぶり、利根川《とねがわ》の渡しにやって来て、老船頭に尋《たず》ねる。

「船頭さん、その昔、取手に安孫子屋という茶屋旅館があったと思うんですが、いまでもござんしょうか」

　すると、昔は繁盛していたが、いまは潰《つぶ》れてないという。

「じゃあ、お蔦さんという女を、もしや知っちゃいませんでしょうか」

　老船頭は、仲間に聞くが、誰も知らないという。

　旅人《たびにん》があきらめて行こうとすると、突然、このあたりの博徒の親分・波一《なみいち》里儀十《りぎじゅう》の子分たちに襲われる。だが、

三度笠を投げつけ、逆に子分どもを投げ飛ばす。

「いけねえ、人違いだ」

「おい、どういう筋で間違えたんだ。そのわけを聞こうぜ。おい、お前が言え！」

子分は、土地の寺で賭場《とば》を開いたら、風来坊《ふうらいぼう》が現れ、イカサマで金を持って逃げたので追っているという。旅人をその風来坊ではないかと思い、襲ったと告げる。

事実、追われていたのは、辰三郎《たつさぶろう》。旅人が探していたお蔦の夫である。

賭場のイカサマ博打《ばくち》で儲《もう》けた金で、女房のお蔦と娘と三人でお蔦の故郷越中八尾に行って、生活をやり直そうとしたのだ。

イカサマで金が手に入った辰三郎、自分が地元の親分たちに追われているのも知らずに、お蔦と娘が住む家に入った。

だが、その家のまわりには、波一里儀十とその子分たちがすでに周りを囲んでいた。

（まずい！　このままでは家族三人とも殺されてしまう）

そうだ、せめてお詫《わ》びに悪さをして手に入れた金さえ、この家に置いておけば追ってこないかもしれない。

そう思った辰三郎。金を置き、三人で旅に出ようとしたその時、年端《としは》もいかない娘がいつの間に覚えたのだろうか、母の得意だった「越中おはら節」を歌う。

かつて、取手の宿でその歌を聞いたことがある旅人が、入口の戸を叩《たた》く。

「ごめんください。こちらはお蔦さんのお家じゃございませんか。私はおかみさんにお世話になった者でございます」

お蔦があたりをうかがいながら、そっと戸を開ける。

「お前さんは、どなた？　なんでございましょう」

「茂兵衛でございます」

お蔦、心当たりがない。

「思い出せないねえ」

「お蔦さん、茂兵衛はものになり損《そこ》ねましたが、ご恩返しの真似《まね》事がいたしたくって。お納《おさ》め願います」

と、とっさに、持っていた金包みを置いて帰りかける。

「思い出されねえのはかえって幸せでござんす。立ち退《の》くなら早いほうがいい」

事情を知った旅人は、辰三郎らに、いま渡した金を持って、早く家を出るように促す。

だが、時すでに遅し。いったん外に出た茂兵衛が再びお蔦の家の中に戻ってくる。辰三郎を狙う波一里一家の者たちが家を包囲しているのを旅人が見たからだ。

旅人は、背中のお蔦に向かって言う。

「いいかい。お蔦さん、子供をしっかりと抱いて、ご亭主のそばにぴったりとついて、ここの家から一歩も出るな。あらまし形《かた》がついたら、その時ぁ、親子三人、志《こころざ》すほうへ飛んで行くんだ」

そう言いながら、茂兵衛、喧嘩《けんか》の準備運動か、四股《しこ》を踏み、柱に鉄砲（突っ張り）をくれる。外から激しく戸を叩く音。敵は家の前まで来ている。心張《しんばり》棒《ぼう》を外す茂兵衛。

その時、お蔦の叫び声。

「あっ、思い出したよ。あんたは、あの時の、あの時の取的さん！」

舞台が変わって、お蔦の家の前。

茂兵衛が入口の前で、心張棒を持って立っている。そして、波一里儀十一家の子分たちを相手に乱闘がはじまり、茂兵衛、あっという間に片付け、親分をも悶絶《もんぜつ》させる。

そこへ家の中から、辰三郎、お蔦、娘の旅姿。

「飛ぶには、いまが潮時でござんす。お立ちになさるがようござんす」

「お名残《なごり》惜しいけれど……」

去って行くお蔦ら三人を見送りながら、茂兵衛が満開の桜の下でつぶやく。

「お行きなさんせ、早い処で。仲よく丈夫でお暮しなさんせ……。ああ、お蔦さん。棒っ切れを振り回してする茂兵衛のこれが、十年前に、櫛、簪、巾着ぐるみ、意見をもらった姐さんに、せめて見てもらう駒形の、しがねえ姿の、横綱の土俵入りでござんす」

知れば もっと 面白い！

◆「股旅物」を開拓した原作者・長谷川伸

この「一本刀土俵入」の作者・長谷川伸《はせがわしん》は、本名・長谷川伸二郎《しんじろう》。

明治十七（一八八四）年横浜に生まれ、幼くして生活の辛酸《しんさん》をなめた。義務教育であった小学校を中退したほどだったから、その極貧生活は想像に難くない。

しかし、艱難辛苦《かんなんしんく》を乗り越え、都《みやこ》新聞社に入り、記者として活躍。中途退社し、大衆文芸に精進《しょうじん》、昭和の初めより小説や戯曲を書いた。『沓掛時次郎《くつかけときじろう》』『関の弥太《やた》っぺ』『刺青奇偶《いれずみちょうはん》』『瞼《まぶた》の母』などの作品が次々と芝居や映画になり、一躍ベストセラー作家になった。

長谷川伸の一連の作品に共通して流れているものは、「義理」と「人情」である。

決して恵まれたとはいえない生い立ちから学んだ、世の中の底辺で生きる人たちが大切に守っているもの、それを描き続けた。

中でも「流れ者」や「博徒」を主人公にした作品は、たとえ自分が犠牲になっても、信念や愛情を貫こうという人間像が描かれ、「股旅物」と呼ばれるひとつのジャンルを作り上げた。

晩年は「新鷹会《しんようかい》」という文芸集団を率い、山手樹一郎《やまてきいちろう》、村上元三《むらかみげんぞう》、山岡荘八《やまおかそうはち》、池波正太郎《いけなみしょうたろう》、平岩弓枝《ひらいわゆみえ》など、次々と、時代小説作家を育てたことでも有名である。

昭和三十八（一九六三）年六月、七十九歳で亡くなった。

「一本刀土俵入」は、芝居、映画はもちろん歌謡曲にまでなるほどヒットし、誰もが知っている名作のひとつに数えられるようになった。まさに、長谷川伸の代表作である。

なお、この演目の初演は、昭和六（一九三一）年の東京劇場。六代目尾上菊五郎が茂兵衛、五代目中村福助《なかむらふくすけ》がお蔦、十三代目守田勘彌《もりたかんや》が辰三郎であった。

長谷川伸の墓

❖東京都品川区上大崎2－13－36　高福院内

大都会のマンションとビルの間にあるお寺の本堂脇に「長谷川家の墓」がある。

あれだけ名作を書いた巨匠の墓にしては、ひっそりとしている。

長谷川伸生誕の地の碑

❖神奈川県横浜市中区日ノ出町1－20

原作者・長谷川伸の生家付近の大岡川沿いに、長谷川伸生誕の地と書かれた碑が立っている。

最近の歌舞伎人気を喜んでいるだろう

石碑「駒形茂兵衛とほりし　路次の朧《おぼろ》かな」

❖茨城県取手市東2－6－52　念仏院内

「一本刀土俵入」の舞台は、水戸街道取手の宿。この碑は、まるで駒形茂兵衛が実在し、この道を通ったかのようで、心が思わず弾む。

一本刀土俵入の石像と勘三郎の追慕碑

❖茨城県取手市桑原1133　光明寺内

この寺は「一本刀土俵入」にゆかりの寺で、境内には長谷川伸の歌碑や「一本刀土俵入」を当たり役とした十七代目中村勘三郎の追慕碑がある。

かつて、十八代目中村勘三郎がまだ勘九郎の時代、お蔦役の坂東玉三郎が帯でおろした簪や櫛がほどけず、ポキンと音をさせ、櫛を割ってしまったことがあった。

観客も一瞬、息を呑んだ。

その時、勘九郎は咄嗟《とっさ》に「姐さん、すまねえ、大事な櫛を割ってしまった」とアドリブで言った。

すると、玉三郎はこう言い返した。

「あんたは昔から不器用だったからねえ」

お蔦と茂兵衛は、ここで初めて出会ったはずなのに。

実にうえなき獅子王の勢い なびかぬ草木もなき時なれや

春《しゅん》興《きょう》鏡《かがみ》獅《じ》子《し》《鏡獅子》

「歌舞伎」という三文字の中には「舞」という字が入っている。
つまり「舞踊」も歌舞伎のひとつ。
歌舞伎役者が踊る多くの「踊り」の中で正真正銘、大曲中の大曲！

戦前、踊りの名人と呼ばれた役者がふたりいた。

ひとりは、六代目尾上《おのえ》菊五郎《きくごろう》、そしてもうひとりは、七代目坂東《ばんどう》三津五郎《みつごろう》である。

実は、このふたりの舞踊には、同じ演目の踊りでも、大きな違いがあった。

菊五郎は踊るたびに、気分によって踊り方が微妙に変わるのに対し、三津五郎は百回踊っても所作が小指の位置まで一度も狂ったことがなかった。したがって、芸を楽しみたい人は菊五郎を、踊りの師匠たちは三津五郎を贔屓《ひいき》にした。

その六代目菊五郎が、もっとも得意とした舞踊が、この「鏡獅子《かがみじし》」であった。

舞台は、江戸城大奥《おおおく》の大広間。正月の祭事のため、小さな獅子頭《ししがしら》が舞台の上手《かみて》の台に乗せられて飾られている。

ご近習がその飾り台を広間に運んだふたりのお女中に尋《たず》ねる。

「これこれ、お女中、そのお獅子は御嘉例《ごかれい》の通り、お鏡曳《び》きの魁《さきがけ》ゆえ、大奥へ納《おさ》めるはずだに、何でここへ持ってこられたのだ」

「上様のお好みにて只今《ただいま》ここで所作事がはじまるにつきまして、ここの広間のお御簾《みす》の前へ、備えておけとの仰《おお》せ出《い》でされ、小道具方を私どもが承《うけたまわ》りましてございます」

用人とお女中の話は続き、今宵《こよい》、この広間で、踊りの上手な小姓・弥生《やよい》に踊らせるらしいという。

「それゆえ、もはや、長唄や囃子《はやし》連中も支度整い、お御簾のうちに控えておれば、少しでもこれへ連れてまいりましょう」

「それがよろしゅうございます」

ここで、いままでいうリハーサルをさせようというわけである。

正面の御簾が巻き上がり、長唄、囃子連中が居並《いなら》び、唄がはじまる。

お女中、隣の部屋に行き、弥生を連れて出てくる。弥生、いったんは断るが、また連れられて出る。お女中が上手に消え、広間には弥生だけが残る。弥生、歌に合わせて踊りはじめる。

人のこころの花の露、ぬれにぞぬれし鬢水《びんみず》の、はたちかづらの堅意地も、道理御殿の勤めじゃものを、人に唄われゆい立ての、櫛《くし》の歯にまでかけられし平元結の高わげも……。

弥生が飾り台にあった手獅子を手にして踊っているうちに、獅子の精霊が弥生の手にした小さな獅子頭に乗り移り、獅子が弥生の身体を引き回しはじめる。動かすつもりもないのに、獅子頭がカタカタ震える。

なぜ、手に持った小さな獅子頭に振り回されるのだろうか。

それは、その獅子頭に名工の魂が込められているからである。

弥生の体は、ふたつになって動く。弥生は勝手に動く獅子頭に驚いて止めようとするが、結局は獅子の力に負けて花道に入る。

弥生が花道へ消えると、胡蝶《こちょう》の精が舞台に登場する。

胡蝶の精とは、獅子と戯《たわむ》れる二匹の蝶々を意味し、舞台にふたりのかわいらしい童女が踊りはじめる。

世の中に絶えて花香のなかりせば、われはいずくに宿るべき、憂さをも知らで草に寝て、花に遊びてあしたに露を情けの袖枕《そでまくら》、羽色にまがうものとては、我にゆかりの深見草、花のおだまきくり返し……。

しばらく胡蝶が舞ったあと、花道から悠然と獅子が舞台に登場する。

　獅子、花に戯れる所作があり、二畳台に眠った形で決まる。胡蝶、獅子のまわりを舞い、眠れる獅子を起こそうとする。長唄が続く。

おもしろや花に戯れ枝にふしまろび、実にうえなき獅子王の勢い、なびかぬ草木もなき時なれや、万歳千秋《ばんざいせんしゅう》と舞い納め、獅子の座こそ直りけれ。

そして、ここから獅子がその白く身の丈《たけ》より長い髪を振る、豪快な「狂い」がはじまる。「鏡獅子」最大の見どころである

この髪の振り方は三通りある。

まず最初が、髪を前に下げ、左右に振りながら後に下がる「髪洗い」である。

髪を右または左のほうに回して振る「巴《ともえ》」が二つ目の見せ場。

そして8の字を横にしたように左右に何度も何度も振り回す「菖蒲《しょうぶ》打ち」である。

これがはじまると、観衆の拍手がいつまでも、いつまでも鳴りやまない。名人、六代目尾上菊五郎はこの豪快無比な「菖蒲打ち」をもっとも得意とし、あまたの役者たちの追随をまったく許さなかったといわれている。

そして、振り終わった獅子の精、二畳台に立ち、両袖《そで》をパッと力強く左右に開き、右足を上げて片足で立ってきまると、幕である。

ひとりの役者が、前半で女性の優雅な舞を、後半で豪快な獅子の振りを見せるその踊りの技が見せ場である。

知ればもっと面白い！

名人が生み、名人が育てた踊りの名曲！

この獅子が髪を振り回すという素晴らしい迫力の舞踊「鏡獅子」は、どうやって生まれたのだろうか。気になったので、調べてみた。

すると、日本の歌舞伎史を代表する二人の名優が関係していることがわかった。

一人目は、劇聖と呼ばれた九代目團十郎である。団十郎は、自分の二人の娘が踊る「枕獅子」という踊りを見て、時の劇作家・福地桜痴《ふくちおうち》に依頼し、遊女が舞う踊りに新たに仕立ててもらった。

その踊りの振り付けを自ら改良したのが、六代目尾上菊五郎であった。

「劇聖」の当たり芸を「名人」が振り付けて、今日の人気舞踊にしたのである。

明治二十六（一八九三）年三月、歌舞伎座で初演された。初役の時、菊五郎は、褌《ふんどし》をはずしたという。女になりきるためであった。

歌舞伎さんぽガイド

鏡獅子像

❖東京都千代田区隼町4－1　国立劇場内

平櫛田中《ひらくしでんちゅう》作。東京国立近代美術館蔵。

昭和十一（一九三六）年五月、六代目菊五郎が「春興鏡獅子」を演じた際、平櫛田中は二十五日間劇場に通い、毎日場所を変えて観察し、それから二十数年の歳月をかけ、昭和三十三（一九五八）年に完成した大作。二メートル大の大像。

昭和四十一（一九六六）年、国立劇場開場を記念して、国立劇場内ロビーに設置され、今日に至る。ちなみに、六代目菊五郎は完成を待たず、昭和二十四（一九四九）年に亡くなっている。

鏡獅子像（左下）が飾られている国立劇場ロビー。この華やかな雰囲気を味わうのも芝居の愉しみのひとつ

暫《しばら》く暫く しばら──く

歌舞伎というと「むずかしい」と言う人が多い。また「おもしろくない」とも人は言う。当たり前だ。多くの人たちが最初に、むずかしい芝居を、おもしろくない舞台を見てしまったからだ。そういう人は、はじめにこれを見ればよかった。

暫《しばらく》

亡くなった十八代目中村勘三郎《なかむらかんざぶろう》丈《じょう》は、高校生に歌舞伎を見せるのを嫌《いや》がった。

高校生に初めて歌舞伎を見せる歌舞伎教室は、「観客の中でわずかひとりでも歌舞伎を好きになる子がいればいい」という目的で開催されるのだが、勘三郎丈に言わせれば、「わざわざ全員に、まだ高校生の時から歌舞伎を嫌いにさせている」というのだ。

かなり、的を射ていた。

だが、多くの高校生たちに、最初にこの演題を見せたら果たしてどうだっただろうか。「暫」である。

ストーリーが実にわかりやすいだけでなく、主役がカッコいい。それに、演出がおもしろく、化粧の仕方から着ている扮装まで、こんなのありかと思うほど素《す》っ頓狂《とんきょう》。いってみれば「漫画」である。

しかし馬鹿にしてはいけない。何より、この芝居、いま一番の人気役者・当代市川《いちかわ》海老蔵《えびぞう》の生まれた市川宗家《そうけ》の演目を代表する、歌舞伎十八番のひとつであり、海外でも大人気の演目なのだから。

幕が上がると、朱塗りの回廊に囲まれた鶴ケ岡社頭。舞台上手《かみて》から下手《しもて》まで石段があり、中央奥の遠

くに本殿が見える。槍《やり》を持った八人がやって来る。続いて、人相の悪い家臣が四人集まって来る。今日は公家・清原武衡《きよはらのたけひら》の関白《かんぱく》就任が天皇より宣下《せんげ》される日。一見めでたい日に見えるが、この清原武衡、実は、皇位を狙う大悪党。

そこへ太鼓が鳴って、加茂次郎義綱《かものじろうよしつな》、加茂三郎義郷《さぶろうよしさと》、宝木蔵人貞利《ほうぎくろうどさだとし》、義綱の許嫁《いいなずけ》・桂《かつら》の前、その侍女たちが弓矢を番《つが》えた多くの清原家臣に拉致《らち》され、舞台中央へ連行される。加茂らは、清原武衡の悪事を見抜き、武衡の出世に反対していたからである。善い者、危ない！

「それ、女どもから射止めてしまえ」

「ハッ」

弓矢が女たちに向けられた時、

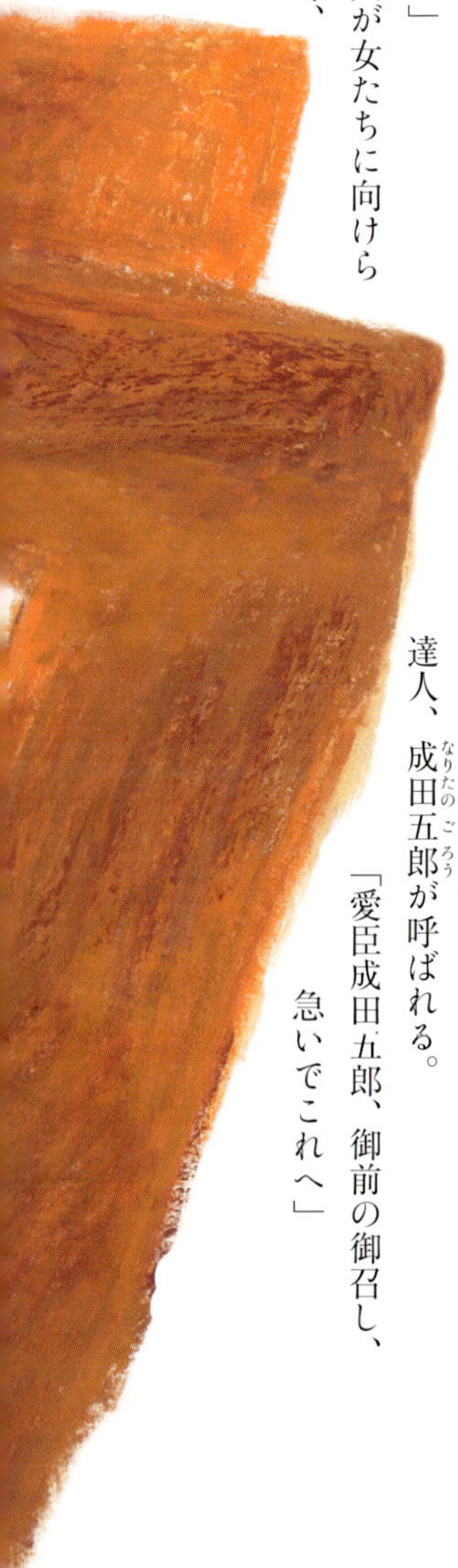

正面の回廊が左右に割れ、誂《あつら》えの台が現れ、舞台中央に冠装束に笏《しゃく》を手にした清原武衡、部下を従え、現れる。悪者、登場！ そして、誇らしげにこう宣《のたま》う。

「すでに青雲の時到り、中納言《ちゅうなごん》清原の武衡、坂東《ばんどう》諸国を切り従え、遠からずして天下の政治を我が手に握る幸先《さいさき》祝し、今日只今《ただいま》当社にて、冠装束身に着し、自ら上る位山《くらいやま》」

それを見た加茂次郎義綱、弟・三郎義郷、清原武衡の独断と陰謀を都に報告に行こうとするが、もちろん阻止され、「生け置く時は邪魔な奴、それゆえ成敗の用意致せ」

今度は、本気で、善い者が殺《や》られそうになる。そして成敗に手慣れている悪の手先で、剣の達人、成田五郎《なりたのごろう》が呼ばれる。

「愛臣成田五郎、御前の御召し、急いでこれへ」

成田五郎、花道より登場。

「君命背《そむ》く奴輩《やっぱら》を首うち落とすに何の手間暇、覚えの刀、研ぎ澄まし、疾《と》うより控えていてござる」

清原武衡、おおいに喜び「彼らの首を肴《さかな》として、九献《くこん》をめぐらせん」と提案。処刑を見物しながら、酒を飲もうというのだから、暴君ネロ状態。

「いまが最期《さいご》だ、観念しろ」。

武衡が飲み干す間に、首を斬《き》り落とそうと赤い面の成田らが刀を振り上げたその瞬間、

「暫《しばら》く」

揚幕《あげまく》の向こうから大きな声がかかる。

誰かと思い、一瞬躊躇《ちゅうちょ》する成田たち。

「何やつだ、暫くとは」

「暫く暫く、しばら――く」

白の三升紋《みますもん》（◇が三重に重なった紋）のついた異常に大きな柿色の、足まである衣装に烏帽子《えぼし》姿の大男、顔は白塗りの上に紅の筋隈《すじぐま》で彩り、七尺二寸余の大太刀を持っている。七尺二寸とは、二メートル以上。

その男、揚幕から出てくると「成田屋！」の掛け声が大向こうからかかる中、花道の七三《しちさん》にドシッと座る。

素袍《すおう》の袖《そで》も時を得て、今日ぞ昔へ帰り花、名に大江戸の顔見せ月、目覚ましかりける次第なり。

舞台から、成田五郎が問う。

「いやさ、何やつだ、ええ」

その大男が大向こうまで通るいい声で、言う。

「淮南子《えなんじ》に曰《いわ》く、水余りあって足らざる時は、天地に取って万物に授け、前後する所なしとかや。なんぞ、その公私と左右を問わん。問わでもしるき源は、露玉川の上水に、からだばかりか肝玉まで、すすぎ上げたる坂東武士、ゆかり三升の九代目と、人に呼ばるる鎌倉権五郎景政《かまくらごんごろうかげまさ》、当年ここに十八番、久しぶりにて顔見世《かおみせ》の、昔を偲《しの》ぶ筋隈は、色彩《いろどり》見する寒牡《かんぼ》丹《たん》、素袍の色の柿染も、渋味は氏の相伝骨法《そうでんこっぽう》、機に乗じては藁筆《わらふで》に、腕前示す荒事師《あらごとし》、江戸一流の豪宕《ごうとう》は、家の技芸と御免《ごめん》なせえと、敬《うやま》って曰《まお》す」

鎌倉権五郎景政、座っていた花道からすっくと立ち上がり、舞台中央へ。

そして、あっという間に、成田ら敵を蹴散《けち》らし、武衡の持っていた宝剣と国守の印を取り返し、義綱に渡し、早く帰参せよと命じる。

やられっぱなしで、屈辱に耐えきれない清原武衡の末端の子分たちが一斉に、景政を取り巻く。すると、景政、大太刀抜いて一度に首を打ち落とす。

首が舞台にゴロゴロ、ゴロゴロ転がる。

清原武衡、ただ無念の一言。「鎌倉権五郎！」

景政も「なんか、文句あるか」という雰囲気《ふんいき》で、ひと言。「弱虫めら」

あとは大太刀をかつぎ、見得《みえ》を切って、幕。

一件落着。単なる勧善懲悪《かんぜんちょうあく》。おもしろいし、わかりやすい。こんな歌舞伎があったんだ。

知ればもっと面白い！

市川宗家の「歌舞伎十八番」

歌舞伎の名家には、その家、その家でそれぞれ古くから得意とする演目がある。

その中で、数が一番多いのが市川宗家（團十郎家）で、「歌舞伎十八番」と呼ばれる十八の演目がある。

これは、七代目市川團十郎が天保三（一八三二）年に制定したといわれるもので、有名な作品では、「鳴神《なるかみ》」、「助六」、「矢の根」、「毛抜《けぬき》」、「勧進帳《かんじんちょう》」などが含まれるが、その市川宗家「歌舞伎十八番」の一番目がこの「暫」である。

ということは、これらの芝居の主人公は、基本的に時の團十郎か海老蔵しかできないということになる。

ここから、自分がもっとも得意とする芸や技のレパートリーのことを「十八番」と呼ぶようになったのである。

歌舞伎さんぽガイド

九代目市川團十郎ブロンズ像

❖東京都台東区浅草2−3−1　浅草寺内

大正八（一九一九）年建立。九代目團十郎は幕末から明治にかけて「劇聖」と呼ばれた名優で、近代歌舞伎の祖。作者は新海竹太郎《しんかいたけたろう》。

だが、この像、第二次世界大戦中の昭和十九（一九四四）年十一月三十日、金属類回収のため、いったん没収された。十二代目團十郎襲名を機に再現された。

これこそ、歌舞伎の大見得《おおみえ》。「勘定奉行にお任せあれ」ではない。

迫力ある大見得をとらえたダイナミックな像

思いがけなく手に入る百両 こいつぁ春から、縁起がいいわえ

三《さん》人《にん》吉《きち》三《さ》廓《くるわの》初《はつ》買《がい》《三人吉三》

自らの手で刺し違えて息絶えた三人の若者がいる。いずれも不幸な生い立ちゆえ、悪事を重ねたが、いつしか更生を誓った。だが、最後は追手に追われ、降り積もる白い雪を真っ赤に染める……。

この「三人吉三《さんにんきちさ》」、銀行強盗犯ボニーとクライドの出会いから死までを描いたアメリカン・ニューシネマ『俺たちに明日はない』の江戸版だと思っていたが、なんと、河竹黙阿弥《かわたけもくあみ》がこの作品を書いたのは、安政七（一八六〇）年。映画『俺たちに明日はない』が公開される百年前のことであった。

「大川端庚申塚《おおかわばたこうしんづか》の場」は、最後に、お互いを刺して死ぬしかなかったその三人の若者の、最初の出会いのシーンである。

江戸本町小道具商・木屋文蔵《きやぶんぞう》の手代・十三郎《じゅうざぶろう》は名刀を売って受け取った代金百両を持ったまま、その晩、夜鷹《よたか》・おとせと遊び、帰り際にその百両を落とす。帰りにそんなところに寄るほうが悪い。実は、この百両が、多くの人たちの運命を次々と狂わせる。

場面は、両国橋北川岸。波の音が聞こえる。

幸い、十三郎が落とした百両は、おとせが偶然にも拾った。よかった、よかった。だが、それでは芝居にならない。

おとせが、その金をすぐにでも十三郎に届けようとする途中、大川端で、髪を島田に結った振袖《ふりそで》姿の美しい女に声をかけられた。

「あ、もし、はばかりながらお女中様、お尋《たず》ね申したいことがござりますわいな」

「はい、なんでござります」

女は道を尋ねるふりをしながら、おとせの懐《ふところ》の百両を奪う。

「や、こりゃ、この金を何となされます」

「もらうのさ」

「え、え、え、そんならお前は」

「泥棒さ」

おとせは金を取り返そうとするが、振り払われた勢いで川に落ちる。水の音。川端には、女ひとり。

と、時の鐘が鳴る。

女は、空の朧月夜《おぼろづきよ》を眺めて、懐の財布を出し、ひとり言。

月も朧に白魚の篝《かがり》も霞《かす》む春の空、つめてえ風もほろ酔いに、心持ちよくうかうかと、浮かれ烏《がらす》のただ一羽、塒《ねぐら》へ帰る川端で、棹《さお》の雫《しずく》か濡れ手で粟《あわ》、思いがけなく手に入る百両。ほんに今夜は節分か、西の海より川の中、落ちた夜鷹は厄《やく》落とし、豆だくさんに一文《もん》の銭と違って金包み、こいつは春から、縁起がいいわえ。

だが、壁に耳あり、障子に目あり。これをじっと、見ていた男がいた。

女も、男に気づき、ギクッとなる。

再び、ゴーンと時の鐘が鳴る。おとせから百両を奪った女、犯行を見ていた男の悪《あく》どく鋭い視線を背中いっぱいに感じながら、奪った金を懐にしっかりと入れ直し、その場を立ち去ろうとする。

「もし姐《ねえ》さん、ちょっと待っておくんなせえ」

低いが、よく通る男の声。

「はい、なんぞ御用でございますか」

女の冷たい返事。

「ああ、用があるから呼んだのさ」

男は、女に、お前が一人で話していたその「濡れ手で粟の百両」を自分に貸せと言う。

女は開き直り、「そんなこと、できるか」とせせら笑う。

男が刀を抜く。だが、男の脅《おど》しに女はビクともしない。逆に、男に名を名乗れと言う。

「こりゃあ俺が悪かった。人の名を聞くその時はまあこっちから名乗るが礼儀、ここが綽名《あだな》のお坊さん、小ゆすりかたりぶったくり、押しのきかねえ悪党も一年増しに功を積み、お坊吉三《ぼうきちさ》と肩書の武家お構いのごろつきだ。してまたそっちの名はなんと」

女も名乗る。

「問われて名乗るもおこがましいが、去年の春から坊主だの、やれ悪婆《あくば》のと姿を替え、憎まれ口をきいてみたが、利《き》かぬ芥子《からし》と悪党の凄《すご》みのないのは馬鹿げたもの、そこで今度は新しく八百屋お七《しち》と名を借りて、振袖姿で稼ぐゆえお嬢吉三《じょうきちさ》と名に呼ばれ、世間の狭い喰詰者《くいつめもの》さ」

ともに世間の鼻つまみ。後ろ指さされるごろつき、喰詰者で、名こそ、同じ吉三だが、この百両を取られては、お嬢吉三が名折れとなり、取らなければお坊吉三が名が廃《すた》る。引くに引けない、この場の出会い。

一触即発——。

ふたりとも片肌を脱ぎ、刀を抜き、いま、互いに斬《き》りかかるのその刹那《せつな》、

紺《こん》の腹掛けに股引《ももひき》、どてら半纏《はんてん》、頬《ほお》かぶりの男、ばたばたと走り出る。

「待った、待ったァ。どういうわけか知らねえが、止めに入った。待ってくだせえ」

「いらぬ留め立て」

「怪我《けが》せぬうちに」

「退《の》いた、退いた」

ところがこの男、どかぬどころか、自分の名を名乗った。

「まるく納《おさ》めに綽名《あだな》さえ、坊主上がりの和尚吉《おしょうきち》三《さ》、幸い今日は節分に争う心は鬼は外、福は内輪の三人吉三、福茶の豆や梅干しの遺恨の種を残さずに小粒の山椒《さんしょ》のこの俺に、厄払《やくばら》いめくセリフだが、さらりと預けてくんなせえ」

「そんならこなたが名が高い」

「吉祥院《きっしょういん》の所化《しょけ》あがり」

「和尚吉三で」

「あったるか」

ワルのふたりも、顔は知らずとも、同じムジナの世界、この和尚吉三の名は知っていた。

まさか、自分たちの喧嘩《けんか》に、悪事の世界で名を馳《は》せる和尚吉三が割って入るとは驚いたが、いったん抜いた刀は、そうはやすやすと引っ込められない。

ふたりが白刃を抜いた理由を尋ねた和尚吉三、だが、いつまでも刀を鞘《さや》に納めぬふたりに、何を思ったか、自分の両腕をまくり、左右に差し出し、こう言い放った。

「互いに争う百両は二つに割って五十両、お嬢も半分、お坊も半分、止めに入った俺にくんねえ。その埋草《うめくさ》に和尚が両腕、五十両じゃあ高いものだが抜いた刀をそのままに鞘へ納めぬ俺が挨拶《あいさつ》。両腕切って百両の額《たか》を合わせてくんなせえ」

和尚吉三の言い分は、こうだ。

自分の両手をお嬢吉三、お坊吉三のそれぞれに一本ずつ上げるから、刀を納めろというわけだ。これには、さすがのふたりも感心する。

「こなたの腕をもらいましたぞ」

「おお遠慮は及ばぬ、切らっしゃい」

すると両側のふたり、ともに和尚吉三の腕に自分の腕を合わせ二本の腕に刀で肌を切る。血が流れ出す。お嬢吉三とお坊吉三の渡り台詞《ぜりふ》が切《せつ》なく響く。

「互いに引いたこの腕の流るる血潮を酌《く》み交わし」

「兄弟分に」

「なりてえ」

お坊吉三が庚申堂から土器を見つけ出し、その盃《さかずき》に三人の腕の血を絞り入れ、和尚飲んでお坊へ、お坊飲んでお嬢へ。そして、お嬢飲んで、和尚へ。まさに、互いの血でつながった固い契《ちぎ》りの義兄弟。

三人吉三の誕生だ。

末は三人つながれて、意馬心猿《いばしんえん》の馬の上、浮世の人の口の端に、こういう者があったりと、死んだ後まで悪名は、庚申の夜の話し草——。

三人が飲んだ盃を叩《たた》きつけたところに、邪魔者の追手。

和尚、左右に突きまわし、投げ倒す。起き上がろうとするのをお坊が踏みつけ、お嬢は腰掛け、抑える。

和尚、舞台中央で悠然と半纏をひっかけると、柝《き》が打たれ、三人見得《みえ》を切って三人吉三の出会いの場は、これで幕。

知ればもっと面白い！

◆このあとの三人の運命は？

この三人の出会いから、話は意外な展開を見せる。さすが、黙阿弥の傑作。

まず、百両の大金を落とした手代《てだい》・十三郎と、夜鷹・おとせは、のちに小さい時に別れた双子だったことが、あとでわかる。そのふたりが愛し合った。まさに、畜生道《ちくしょうどう》だ。

そして、お嬢吉三によって百両を奪われて川に落とされた、そのおとせは和尚吉三の妹。それを知らぬ和尚吉三はふたりから預かった百両を父の伝吉《でんきち》に渡す。だが、伝吉はそんな不浄な金はいらぬと外に金を投げる。

それを釜屋武兵衛《かまやぶへえ》が拾って逃げる。武兵衛の行く手に現れたお坊吉三が金を奪うが、武兵衛は逃したものの、武兵衛を追ってきた伝吉も殺してしまう。お触れが出る。

和尚吉三がお嬢吉三とお坊吉三を捕らえてお奉行所に差し出せば、その身の科《とが》は許すと書かれている。

和尚吉三の妹の金を奪ったお嬢吉三、和尚吉三の父・伝吉を誤って斬り殺してしまったお坊吉三、この取り返しのできない失敗をしでかしたふたりは、それを知って死のうとする。だが、和尚吉三は、畜生道に落ちた妹・おとせと弟・十三郎を殺し、お嬢吉三とお坊吉三を逃がそうと、おとせと十三郎の首をお嬢とお坊と偽《いつわ》って差し出した。だが、武兵衛の訴えによって、その悪事が白日《はくじつ》の下に。

いよいよ、三人の若者に、追手が迫る。大詰《おおづめ》。本郷火《ひ》の見櫓《みやぐら》の場。

幕が開くと、舞台中央に雪が積もった火の見櫓。下手《しもて》に木戸があり、その向こうに雪をかぶり戸を閉めた家々が並ぶ。ドンドンドンドン。雪おろしの太鼓が響く。

木戸が閉まっているということは、誰も外に出られない。

花道より、お坊吉三、お嬢吉三、頬かぶりで現れ、中央の火の見櫓に登ろうという。なぜなら、「二人を捕らえたら、火の見櫓の太鼓を打て。ならば、木戸を開く」とある。櫓に上り、太鼓を叩けば、木戸が開く。そうすれば、自分たちは捕まるが、和尚吉三だけは、逃げられるからだ。

お嬢吉三、振袖姿で櫓を登る。しかし、捕り手に見つかる。下にいたお坊吉三、お嬢吉三に邪魔させじと、捕り手を追い払う。次第に吹雪になってくる。

ついにお嬢、櫓に上り、太鼓を打ち鳴らす。その音を合図に、木戸が開く。

そこへ、現れたのが二人が逃がそうとした和尚吉三。

「和尚吉三か」

「そういう声は、お坊、お嬢」

見つけた大勢の捕り手たちが、三人に襲い掛かる。和尚吉三、ここに戻ってきたのは、憎き武兵衛を切り殺すため。見事、それも果たした。だが、もはやこれまでと、雪の舞う中、三人は互いに刺し違える。

◆もうちょっと、話の続きを

この「三人吉三」は安政七（一八六〇）年一月、市村座の初春狂言として初演された。作者は河竹黙阿弥、当時四十五歳。コンビを組んでいた四代目市川《いちかわ》小團次《こだんじ》のために書かれた作品である。原作は、七幕もあるが、現在はかなりカットされて上演されている。

初演の配役は、和尚吉三を四代目市川小團次、お坊吉三を九代目市川團十郎、お嬢吉三を八代目岩井《いわい》半四郎《はんしろう》であった。

大詰は「八百屋お七」の書き換えである。その証拠に、最後にわかるのだが、お嬢吉三は八百久の伜《せがれ》で、五歳まで「お七」という名前で育てられたことになっている。

こんなことをちょっと知っているだけで「三人吉三」を観る時の参考になるにちがいない。

両国橋北岸（百本杭）跡

❖東京都墨田区横網1―2―24

両国駅を降りて道路を渡ると、パールホテル両国という建物が見える。

その脇に、高札が立っていて、かつてこのあたりが「百本杭」のあったところだと教えてくれる。

その杭の一本に足をかけて、お嬢吉三が、「月も朧に白魚の……」と言ったのだと思うと、何だかもう一度、その場面が見たくなる。

「その足は男でなければいけない」という芸談とともに。

百本杭の跡を伝える高札（上）。右は明治時代の百本杭の様子（『仁山智水帖』国立国会図書館蔵）

両国橋。「三人吉三」ゆかりのスポットはわずかしか残っていない

ちょうど所も寺町に、娑婆《しゃば》と冥土《めいど》の別れ道
その身の罪も深川に、橋の名さえも閻魔堂《えんまどう》

梅雨《つゆ》小《こ》袖《そで》昔《むかし》八《はち》丈《じょう》《髪結新三《かみゆいしんざ》》

江戸の下町に悪党がいた。だが、こいつがどうしても憎めない。こいつ、大店《おおだな》の一人娘を誘拐はする。強姦はする。あげくに、金を強請《ゆす》る——。そんなやつが、なぜ憎めないか……。実は、理由《わけ》がある。

思ったより静かに幕が開くと、夜雨の河岸《かし》。正面奥に向かって橋、左右に欄干。右の欄干の脇に立て札。左の欄干の脇に柳の木。

いかにも寂しげな橋のたもと。後ろ一面の風景は、川と向こう岸の風景。屋台の蕎麦《そば》屋が一軒、寒々しく店を出しているが、人っ子ひとり通りゃしない。

花道より、尻端折《しりっぱしょ》りで一本刺し、下駄掛け、誂《あつら》えの加賀蓑《かがみの》を着て、白張りの番傘をさした男が、舞台に向かってゆっくりとやって来る。

いかにも、江戸の俠客風情《ふぜい》。年を食っている。その仕草も決して若くはない。

深川一帯を縄張りにするこの男、名前を弥太五郎《やたごろう》源七《げんしち》という。弥太五郎源七といえば、ここらでは泣く子も黙る大親分だ。

男は、この川岸界隈《かいわい》で夜だけ営業している屋台の蕎麦屋の親父に多めに金を支払い、場所を変えて商売してほしいと言う。多額の謝礼に恐縮しながら、蕎麦屋は荷を担いで川岸を去って行く。

舞台は、源七ひとり。

なぜ、源七、ここにいる。

それは、今夜、この近くの賭場《とば》で遊んでいるはず の「髪結新三《かみゆいしんざ》」という名の半グレの帰りを待ち受け、源七親分、自らの手で、新三を見せしめのために叩《たた》き殺すためである。最初に書いた「憎めないこいつ」とは、この男で、この芝居の主人公・髪結新三だ。

それにしても、ここら一帯を仕切る大親分が、ワルとはいえ、たかが一人の髪結風情のそいつを待ち伏せまでして、なぜ殺《あや》めようとするのか。

話は、江戸新材木町の材木商を舞台とする「白子《しらこ》屋見世《やみせ》の場」に戻る。

かつて隆盛を誇った材木商・白子屋は主人の死後、家業が傾き、倒産寸前。

そこで、後家のお常《つね》はひとり娘のお熊《くま》の婿《むこ》に豪商・桑名屋《くわなや》の番頭を迎えようと考えた。桑名屋が持ってくる持参金五百両で借金を返し、家運を取り戻そうと企てたのである。

だが、肝心のお熊には、ひそかに言い交した男がいた。店の手代《てだい》・忠七《ちゅうしち》である。婿などいらぬ。忠七と一緒になって店を継ぎたい。

これを知ったのが、白子屋出入りの髪結の新三。上総無宿《かずさむしゅく》で、かなりのワル。忠七の髪を結いながら、余計なことを。

「忠七さん、こりゃいっそ、お熊さんを連れて逃げたほうがようございますぜ」

と、なんと、ふたりの駆け落ちをそそのかす。どうして事情を知っているのか、驚きながらも、思わず新三の意見を聞く忠七。

とはいっても、お熊は店の大事な跡取り娘。手代風情が連れて逃げるわけにはいかない。

躊躇《ちゅうちょ》する忠七を知ってか、新三らしいワルの決定的なひと言。

「いいんですかい。もし、お嬢さんが短気を出して大川《おおかわ》に身を投げた日には、忠義を誓ったお前さんが、かえって不忠になりますぜ」

言われてみれば当たってる。

忠七がお熊に惚《ほ》れていなければ何も起こらなかった……。

新三、いかにもふたりの味方をよそおった。

しかも「ふたりの隠れ場所は、当分、私の家で」と話をつけ、忠七の髪を結い終え、店を去って行く。

その様子をすべて聞いていたお熊も、新三のその話に乗る。

「いやでもあろうが、これ忠七、どうか私を不憫《ふびん》と思うなら連れて行ってたもいのう」

場面は変わり、「材木町河岸の場」。

そして、ふたりの駆け落ち決行の夜がやってきた。新三は子分の勝奴《かつやっこ》に駕籠《かご》を用意させると、まずはお熊を駕籠に乗せ、忠七には、〝いっしょに逃げればすぐに疑われる。アリバイが必要だ〟と説得し、あとから新三といっしょに歩いて行くことにして、勝奴だけがお熊について新三の家に。

お熊を乗せた駕籠が橋を渡る。

お熊の駕籠が見えなくなったのを機に、新三の忠七への態度がガラリと変わる。

ここが新三役の見せ場のひとつ。

「これよく聞けよ。ふだんは得意場《ちょうば》を廻りの髪結。いわば得意のことだから、うぬがような間抜けな奴にも忠七さんとか番頭さんとか上手を使って出入りもするも、一銭職《いっせんじょく》と、昔から下がった稼業の世渡りにこにこ笑った大黒の口をつぼめた唐傘《からかさ》も並んでさしてきたからは、相合傘《あいあいがさ》の五分と五分、轆轤《ろくろ》のような首をして、お熊が待っていようと思い、雨の由縁《ゆかり》でしっぽりと濡れる心で帰るのを、そっちが娘に振りつけられ弾《はじ》きにされた悔《くや》しんぼに、柄《え》のねえ所に柄をすげて油ッ紙へ火がつくようにぺらぺら御託《ごたく》をぬかしゃあがりゃあ、こっちも男の意地づくに破れかぶれとなるまでも、覚えはねえと白張りのしらを切ったる番傘で、筋骨抜くから覚悟しろ」

と持った傘で、忠七を激しく叩き、「話が違う」と、倒されながらもむしゃぶりつく忠七の顔を、新三、下駄で蹴《け》る。

「ざまあ見やがれ」と言い放って新三、橋を渡って行く。よろめきながら追おうとする忠七の顔は、無《む》惨《ざん》にも血まみれ。

「ああ、だまされた。悔しい。もはや、これまで」と川に身を投げようとする忠七を止めたのが、地元の親分・弥太五郎源七……。

忠七から事情を聞いた源七、ワルにはワル、「俺にまかせろ」と。自分が出て行けば、新三も「恐れ入谷《いりや》の鬼子母神《きしもじん》」とばかり、平身低頭して「親分、すまねえ」とお熊を返すに違いないと思ったのも無理はない。そのくらい、格が違う。

場面は再び変わって、「富吉町《とみよしちょう》新三内の場」。お熊をしばって慰《なぐさ》み者にしたうえ、引き取りに来たら引き換えに金を巻きあげようと自分の長屋で待ち構えている新三の前に現れたのは、思いもかけぬ弥太五郎源七。

チンピラ稼業の新三から見れば、地元の大親分。月とすっぽんならぬ、虎と猫、ワニとトカゲだ。源七、忠七や白子屋から頼まれて、新三の家を訪ね、ワルはワル同士、いわゆる「ナシをつけに」やって来たのだ。

だが、このトカゲ。ワニが来たからといって尻尾《しっぽ》は巻かない。

源七が白子屋から預かった大枚十両を出し、これで娘を返してくれというのを、源七の顔めがけて叩き返す。

「何をしやがる！」

怒りに燃える親分源七。新三、地元の親分に向かって言いたい放題。


「返してやるめえものではないが、貰《もら》いに来たその人が弥太五郎源七、その親分風が気に入らねえ」

「普段、帳場を回っていりゃあ、愛嬌《あいきょう》を売る生業《しょうばい》だから、いやなやつにも頭を下げるが、帳場を捨てれば五分と五分、一寸でも後に引くものか」

「弥太五郎源七だから負けてくれ、肩書があるから負けられねえ。こんなことも言いたくねえが、言わにゃあ、どじにゃあわかんねえ……上総生まれのこの新三、お前たちに脅《おど》されて、せっかくさらった娘を返すような、そんなどじだと思いやがるか」

と、源七、半グレに言いたい放題言われたが、さすが親分、ぐっとこらえ、「今日のところは」と帰った……。

その仕返しが、この夜だった。博打《ばくち》を終えた新三が閻魔堂《えんまどう》前を通りかかる。

「新三、待て！」

「そういう声は」

「おお、弥太五郎源七だ。世間に出ちゃあ俺がことを意気地《いくじ》がねえの腰抜けのと、言いふらして歩くとやら、人の噂《うわさ》を聞くたびに癪《しゃく》に触って今日ここで、焼きのまわった源七の刃鉄《はがね》が切れるか切れねえか、命をかけてのやりとりだ。受けるなら受けてみろ」

新三も負けていない。

「その仕返しは今日来るか、明日来るかとあの時から毎日待っていたところ、幾日たっても来ねえから尻腰《しっこし》のねえ親父だと手前の子分に逢《あ》うたびごと、言伝《ことづて》同様悪く言った。その耳にようやくそれが聞こえたか。雨の降るのに深川までぼくぼく足を運んできたは、ボケたようでも、さすがは源七、命を捨てによく出てきた」

「なんと」

ここで、新三、カッコいいセリフをポンポンと。

「ちょうど所も寺町に、娑婆《しゃば》と冥土《めいど》の別れ道、その身の罪も深川に、橋の名さえも閻魔堂、鬼と言われた源七がここで命を捨てるのも、ガキより弱い生《しょう》

業《べえ》の地獄のかすりを取った報《むく》いだ。手前《てめえ》も俺も遊び人、ひとつ釜とはいいながら黒闇《こくあん》地獄の暗闇でも亡者《もうじゃ》の中の二番役。業《ごう》の秤《はかり》にかけたらば貫目のちがう入墨《いれずみ》新三、こんな出会いもそのうちにてっきりあろうと浄瑠璃《じょうるり》の、鏡にかけて懐に隠しておいたこの匕首《あいくち》、刃物があれば鬼に金棒、どれ、血塗《ちまみ》れ仕事にかかろうか」

新三、持った傘で打って出る。源七、それをかわし、脇差《わきざし》を抜く。新三の傘、叩き落とされ、匕首を抜く。刺す。避ける。刺し返す。かわす。突く。引く。突き返す。かわす。

やがて、新三、ひと太刀激しく斬《き》られる。身体に血が流れ出す。再び源七、新三を斬り倒し、全身の力でとどめを刺す。

「ウーッ」。

新三の胸から血煙が……。

弥太郎源七、脇差を鞘《さや》に納《おさ》めながら、思わずつぶやく。

「小さななりだが、肝《きも》っ玉《たま》が大きいだけに、手ごわいやつだ」

相手が地元の親分だろうが、権力をかさに「ここは俺の顔を立てておさめてくれ」という相手だからこそ、燃えた小悪党、新三。

なぜこいつ、憎めないか、わかっただろうか。

知ればもっと面白い！

◆江戸を騒がせた美貌の妻の「入婿殺し」

この「髪結新三」、実は、享保十一（一七二六）年十月に江戸は新材木町の材木問屋「白子屋」で起こった、入婿《いりむこ》・又四郎《またしろう》殺人未遂事件をもとに書かれたものである。

事件のあらましは、こうだ。

新材木町の材木問屋白子屋は、養子の店主・庄三郎《しょうざぶろう》と派手好きな妻・つねが経営していたが、妻の浪費が重なり、経営が傾き始めた。そこで、一計を案じ、娘のお熊が町じゅうで一番の器量よしであることを武器に、大伝馬町《おおでんま》の地主の息子・又四郎の結納金《ゆいのうきん》目当てに結婚させた。

だが、お熊は結婚後も又四郎を嫌い、古参の下女・ひさに手引きをさせ、手代の忠八と密通を繰り返していた。母・つねもまた、夫が養子であることをいいことに、町内回りの髪結・清《せい》三郎《ざぶろう》という情夫をつくっていた。

お熊は離縁を望んだが、又四郎と離縁すれば金を返さねばならない。ならば病死させればいいと、按摩《あんま》に毒薬を盛らせ、又四郎に飲ませたが失敗。次は心中と見せかけようと、女中のお菊《きく》に、又四郎の寝所に入り、喉《のど》をカミソリでかき切れと命令。

だが、これも失敗し、又四郎の訴えにより白子屋一家はお縄となった。

そして、店主・庄三郎と按摩・玄柳《げんりゅう》は江戸払い。下手人《げしゅにん》のお菊は死罪。密通をそそのかしたひさは市中引き回しのうえ死罪。忠八は市中引き回しのうえ獄門《ごくもん》。店主の妻・つねは遠島。肝心のくまは市中引き回しのうえ獄門。さらし首。

お熊は結婚前から大変な美貌《びぼう》だったため、ひと目悪女を見ようと、引き回しの際は大変な群衆だった。お熊はその際でも、裸馬に乗せられ、白い襦袢《じゅばん》の上に、当時非常に高価だった黄八《きはち》丈《じょう》の小袖《こそで》を重ねて着ていたという。「梅雨小袖昔八丈」という演目は、そこから出ている。

お熊の墓

❖東京都港区芝公園1−8−9　常照院

お熊の墓と「白子屋お熊供養之碑」が建っている。犯人のお熊は、市中引き回しの刑になったという説が有力であるが、『享保通鑑』によれば「くま死骸《しがい》は、早速首を継ぎ、施主の願いにより、増上寺内念仏堂常照院《じょうしょういん》に、これを葬る」と書かれていることから、牢内で斬首《ざんしゅ》される「死罪」であったかとも思われる。

この事件、現代風にいえば、社長夫人が夫の部下の課長と不倫したうえに、家族総出で、養子である社長を毒殺しようとしたのだから、いまならワイドショーをにぎわしたことだろう。

「悪女」のイメージをひっそり伝えるお熊の墓

お駒の墓

❖東京都港区虎ノ門3−25−17　専光寺

お熊は、文楽ではお駒となっているが、そのお駒の墓は、どういうわけか、専光寺《せんこうじ》にある。

二十三歳で刑場の露と消えた美貌の若い女性を偲《しの》んで、建てられたのかもしれない。墓はだいぶ傷んでいて「白子……」の文字しか見えない。

白子屋のあった場所

❖東京都中央区日本橋堀留町1−10−2

椙森《すぎのもり》神社の南側、椙森新道《じんみち》の角にあったといわれている。

椙森神社は、江戸時代、柳森《やなぎもり》神社、烏森《からすもり》神社とともに、江戸三森と呼ばれ、富くじの興行で大変にこのあたりはにぎやかだったと思われる。

こんな町に、美貌の娘がいたと思うと、なんだかウキウキする。

ちなみに、「白子屋」は、日本橋新材木町にあったが、当時、材木町と呼ばれた町は日本橋に二か所あり、「新材木町」なら現在の日本橋堀留町、「本材木町」なら日本橋1丁目あたりである。

ともに、徳川家康が江戸入府の際、駿河から呼び寄せられ材木商人の町であった。

永代橋《えいたいばし》

❖東京都中央区新川1丁目と江東区佐賀1丁目を結ぶ橋

新三が白子屋の手代・忠七に駆け落ちの世話をしてあげると言って、二人を連れ出し、お熊だけを奪い、忠七を蹴り倒して渡って行った橋が永代橋だ。

架橋は元禄十一（一六九八）年、江戸幕府五代将軍・徳川綱吉《とくがわつなよし》の五十歳の祝賀事業によるものである。

また、赤穂《あこう》浪士が渡ったことでも有名だ（44ページ参照）。赤穂浪士が吉良上野介《きらこうずけのすけ》を討ったのが、永代橋が架かってから三年後とは知らなかった。

「江戸名所之内 永代橋の風景」（歌川国綱・画、国立国会図書館蔵）に見る江戸時代の永代橋

和国橋跡（東堀留川跡・堀留児童公園）

❖東京都中央区日本橋堀留町1−1−1

江戸時代、このあたりは東堀留川、西堀留川など、水運が盛んでにぎわっていた。

ここからお熊は、駕籠で富吉町の新三の長屋に向かった。橋の向こうに和国餅の店。橋があったところは保健所になっている。東側の葺屋町《ふきやちょう》河岸に源七の家があったといわれている。

旧深川富吉町

❖東京都江東区永代1丁目あたり

永代橋を渡り、門前仲町との中間、福島橋手前、右側。このあたりに新三の住んでいる長屋があった。新三は貧乏なくせに、お熊誘拐により、大金が入るのを見越して、初鰹《はつがつお》を買ったりする場面が忘れられない。

閻魔堂橋跡

❖東京都江東区福住1−12

法乗院（閻魔堂）前に橋があり、この橋の袂で源七が新三を殺した。現在、川は埋め立てられ、上を首都高速が走る。

新三郎さま、新三郎さま……わしを呼ぶは誰じゃ、誰じゃ

怪《か》異《い》談《だん》牡《ぼ》丹《たん》燈《どう》籠《ろう》

《牡丹燈籠》

もし、誰もが羨《うらや》むような美女で、しかも、お金持ちのお嬢さんに「どうか、逢《あ》ってください。私はあなたに逢いたくて、毎晩、夜も眠れないのです」と言われたら、男はどうするだろうか……。

もちろん、たいていの男は最初は誰もがその美貌《びぼう》に心が動き「はい、僕も逢《あ》いたいです」と言うだろう。だが、この女性がすぐに病気で亡くなり、お付きの女もいっしょに死んだ。それでも、女の男への想いが消えることなく「あなたも、私に逢いたいと言ったわよね」という愛の執念となって、夜中に二人が幽霊として、男のマンションを毎晩訪ねて来たら、どうなるのだろうか。

エレベーターには乗れないから、階段をカラーン、コローンと下駄の音をさせながら歩いて来て、最初は遠くに聞こえていた下駄の音が次第に近くなり、自分の部屋のドアの前で止まり、ドアを叩《たた》いたら……。それも毎晩。いったい、男はどうなるのだろう。

その答えが、この芝居だ。

舞台は、萩原新三郎《はぎわらしんざぶろう》の家。夜ゆえ、暗い部屋だが、蚊帳《かや》が吊《つ》ってあり、中に新三郎が寝ている。行燈《あんどん》の火だけが見える。

蚊帳の外に、見るも美しいお露《つゆ》がしょんぼりとうなだれ、柱を背に座っている。衝立《ついたて》の陰にお露の乳《う》母《ば》・お米《よね》がいる。お露の顔は青白く、血が通ってい

ないように見える。

新三郎が、蚊帳の中で眠ろうとすると、透き通るような声で誰かが呼ぶ。

「新三郎さま、新三郎さま」

「わしを呼ぶは誰じゃ、誰じゃ」

「露でござりまする」

「おお、お露どの、締まりもかたきこの家へ、どうして入ってござったぞ」

「どうしてとは、新三郎さま、いまさらとなり私をお嫌い遊ばすお心か、そりゃご胴欲《どうよく》でござりまする」

蚊帳の外に出た新三郎に、露は、続ける。

「まずお聞きしたいのは、昨日といい一昨日といい、何ゆえあってあの通り、門をお閉めなされました。それが聞きとうござりまする」

新三郎、必死で言い訳をする。

確かに、毎晩のように牡丹燈籠《ぼたんどうろう》を持って、下駄の音をさせて萩原家にやって来るお露とお米の亡霊。牡丹燈籠とは、お露の供養のために、お露の墓に備えてある提灯《ちょうちん》だ。

それまで、まさか二人が亡霊とはわからず、家に入れていた新三郎、日に日に痩《や》せ、顔に死相まで浮かぶようになってしまっていた。

それを案じた、新三郎と親交の深い占い師・勇斎《ゆうさい》が、ある夜、新三郎の家の雨戸からのぞいてみれば、娘の骸骨《がいこつ》が新三郎と話しているではないか。

あわてて逃げ帰ったが、翌日の晩も来て、新三郎の家の外で見ていると、昨夜、骸骨だった娘と年増《としま》の骸骨が手をとって、牡丹燈籠を提《さ》げて新三郎の家から出てきたが、ふっと消えうせた。

そこで、和尚《おしょう》の良石《りょうせき》に相談すると「さてはお露の執着心が新三郎に取り憑《つ》いた」と教えてくれ、死霊除けの仏像「海音如来《かいおんにょらい》」を貸してあげるから、新三郎にその仏を飾り、さらに、厄除《やくよ》けのお札《ふだ》「雨宝《うほう》陀羅尼経《だらにぎょう》の護符」を戸口に貼《は》るように命じたのだ。

ふたりが幽霊だと知り、驚いた新三郎がその日の晩から、家の中に仏像を飾り、家の入口にお札を張り巡らすと、お露とお米のふたりの亡霊は、新三郎の家の玄関でお札と如来の力に負け、退散させられてしまっていたのだ。

「まずお聞きしたいのは……」とお露が新三郎に尋《たず》

ねたのは、その恨《うら》みつらみを言ったのである。

しかし、幽霊も負けてはいない。

愛する新三郎さんにとにかく逢いたい一心の幽霊は、それを知り、隣の家に住む新三郎の下男・伴蔵《ともぞう》に百両の金を渡し、観音如来を新三郎の部屋から盗み出し、戸口に貼られたお札をはがすよう頼んだのであった。

もとより、人品骨柄《じんぴんこつがら》劣る伴蔵、百両に目がくらみ、新三郎の留守を狙い、昼間、観音如来を奪い、代わりに偽物を安置し、お札をすべてはがしておいた。

そのため今晩、お露とお米の亡霊が、新三郎の寝所に入ることができたのである。

お露の恨みは、続く。

「それならあなたは、私が世になきものと思《おぼ》し召《め》し、それでお見捨て遊ばす気か。たとえこの身はこがれ死にましても、あなたのことは片時も忘るる心はござりませぬ」

乳母のお米もけしかける。

「さようなことをおっしゃって時を移すは恋の邪魔。さあ、お嬢さま、仲をお直し遊ばして、少しも早く蚊帳の内へ入ってお話し遊ばしませ」

そう言いながら、お米はふたりを蚊帳の中に。

その時、新三郎、はじめて蚊帳の中の経机の上に置いておいた観音尊像が偽物とすり替えられていたことに気づいたが、時すでに遅し。

「や、大切な尊像が、偽物と変わりおったか」

お露は、怒る。

「ええ、お情けない。新三郎さま。すりゃ、その尊像にて、私をお除《よ》けなさるる御心か」

お米も怒る。

「もうこの上は、お嬢さま、冥土《めいど》へお連れ遊ばしませ」

お露、新三郎に抱きつこうとする。

新三郎、大声で叫ぶ。

「ああ、誰ぞ、来てくれエ〜」

お米、さらに怒って、

「ええ、声を立てれば、もうこれまで」

蚊帳の外に出ようとする新三郎を、ふたりの亡霊が蚊帳の中に連れ戻す。

それが何度も繰り返されているところで幕である。

ああ、怖ろしきは……。

知ればもっと面白い！

中国の怪異小説を三遊亭圓朝が翻案、怪談噺に

この「牡丹燈籠」、幕末から明治にかけての人気落語家・三遊亭圓朝《さんゆうていえんちょう》が、中国の短編怪異小説集の一節を翻案、自作の怪談噺《ばなし》にし直したもの。

気になるので、圓朝が読んだという中国の小説を調べてみた。圓朝の話の種は、中国の短編怪異小説集『剪燈新話《せんとうしんわ》』の一節「牡丹燈記」によるものであった。その内容は、こうだ。

ある時、妻を失った喬生《きょうせい》という青年が、星祭りの夜、美しい麗卿《れいけい》という女性と知り合った。彼女には、お供の少女がいて、双頭の牡丹燈を持っていた。麗卿の美しさに迷った喬生は、夜ごと彼女を家に引き入れて愛撫《あいぶ》し、逢瀬《おうせ》を楽しんだ。だが、隣の翁《おきな》がこの様子を怪しみ、壁の穴からのぞいてみると、喬生は骸骨と抱き合っているではないか。

翌朝、それを喬生に言うと、いったんは怒ったが、真偽をたしかめるべく、女の家があると聞いた湖畔に行った。だが、そこには、家はなく、牡丹燈がかたわらにかけられている棺《ひつぎ》だけがあった。

驚いた喬生は、怖くなり、法師を呼び、二枚の朱符をもらい、これを自分の家の戸口に貼るように言われた。以後、女は来なくなったが、ある夜、喬生は酔った勢いで湖に行った。

すると喬生は、麗卿に出会い、手を引かれて棺の中に引きずり込まれたのである。

隣の翁は、喬生がいなくなったので探していたが、湖のほとりの棺桶の中から喬生の衣の裾《すそ》が出ていたので、棺を開けてみると、二人の死《し》骸《がい》があった……。

まさに「牡丹燈籠」。圓朝はこの噺をもとにさらに百両をもらった下男・伴蔵《ともぞう》による妻・お峰《みね》殺しなどの因縁噺を盛り込み、落語の大作に仕立てた。これを歌舞伎に直したのが、三代目河竹新七《かわたけしんしち》である。明治二十五（一八九二）年初演。

お露とお米が住んでいた所

❖ 三崎坂　東京都台東区谷中3丁目あたり

地下鉄千代田線千駄木《せんだぎ》駅を上がったところにある。交差点団《だん》子坂《ござか》下から東に向かった上り坂が三崎坂《さんさきざか》。このあたりに、お露とお米が住んでいたことになっている。いまはごく普通の住宅街である。

お露とお米の墓があったとされる所

❖ 新幡随院跡　東京都台東区谷中2−18あたり

三崎坂の上り口。お露とお米の墓があったとされる寺の跡。いまは風呂屋、交番、趣味の店が並んでいる。山門入口に橘右《たちばなう》近《こん》筆による「牡丹燈籠」碑。また、境内にも大きな「牡丹燈籠碑」がある。

萩原新三郎が住んでいた所

❖ 根津清水谷　東京都文京区根津1丁目あたり

根津の表通りから一本入ったところ。萩原新三郎の家があったとされる。それにしても、毎晩「カランコロン」と下駄の音をさせてやって来たというからには、幽霊に足があったということか。

三遊亭圓朝の墓

❖ 東京都台東区谷中5−4−7　全生庵

三遊亭圓朝は明治三十三（一九〇〇）年八月十一日、下谷車坂で死去。享年六十一。谷中の全生庵《ぜんしょうあん》に、山岡鉄舟《やまおかてっしゅう》筆による「三遊亭圓朝無舌居士」と書かれた墓碑がある。

この寺では命日にちなんで八月中に落語家が「怪談」を演じたり、幽霊画展が開かれている。

それにしても「牡丹燈籠」、このあと、因縁噺が続き、連続殺人事件が起こるのだから、この場面は、まだ噺の序章である。

近代落語の祖ともいうべき三遊亭圓朝。彼の創作した「文七元結」「塩原多助一代記」などの噺も歌舞伎になっている

これはこれは、静《しずか》さま。女中の足と侮《あなど》って思わぬ遅参《ちさん》、まっぴら御免《ごめん》くださりませ

義経千本桜《よしつねせんぼんざくら》　四段目　道行初音旅《みちゆきはつねのたび》

キツネが人間に化けて、美女に仕える――。
その中に、キツネの親子の情が込められている。
歌舞伎には珍しい夢幻的な作品だ。

その昔、『逃亡者』というアメリカのテレビ映画が大人気になった。

デビッド・ジャンセン演じる医師・リチャード・キンブルが自らの無実の罪を晴らすため逃げ続け、最後に自分の身の潔白を証明するという、当時としては毎週、手に汗握る迫力満点の番組だった。もはや、知っている人は少ないかもしれない。

そんな話をなぜ、歌舞伎で持ち出したか。

実は、この「義経千本桜」の主人公、ご存知九郎《くろう》判官《ほうがん》・源 義経《みなみとのよしつね》もまた「逃亡者」であったからである。

平家滅亡の後、後白河院《ごしらかわいん》に呼ばれた義経は、「兄の頼朝《よりとも》を討て」と後白河院に言われ、さすがにそれは拒絶したものの「初音《はつね》の鼓《つづみ》」を受け取った。

それを知った頼朝は、烈火のごとく怒り、後白川院から鼓を受け取ったのは謀反《むほん》の証拠と、鎌倉からの討手を派遣するが、弁慶《べんけい》が逆にその軍勢を簡単に討ち取ってしまったから、頼朝はますます激怒し、事態はさらに悪くなっていった。

以後、京にいられなくなってしまった義経一行は、逃避行をしている。

歴史的には、義経は最終的に奥州藤原氏《ふじわら》に身を寄せるのだが、歌舞伎では、奥州に入る前の北陸路は、安宅《あたか》の関《せき》での「勧進帳《かんじんちょう》」で、追われる義経一行を舞台にしている。

関を守る富樫左衛門《とがしさえもん》の「止まれこそ！」ではじまり、義経一行と見破った富樫が知っていながらわざと見逃してくれたうれしさに弁慶が花道を六方《ろっぽう》踏んで走り去る様こそ、まさに『逃亡者』の芝居の真骨頂である。

これは、まだ安宅の関まで行かぬ時期の話。舞台は奈良、吉野《よしの》山中。

いま、義経は、密教の修行場として知られる金峯《きんぷ》山寺《さんじ》に隠れている。

その義経同様、頼朝らに追われているのが、義経の愛妾《あいしょう》・静御前《しずかごぜん》。

最初はいっしょに逃げていたが、途中、義経は、供を許さず、形見にと「初音の鼓」を静に与えた。

静は以前から静を守るよう義経の指示を受けていた佐藤四郎兵衛忠信《さとうしろうびょうえただのぶ》とともに、義経に逢《あ》うために、「初音の鼓」を手に吉野山を目指しているのがこの場面である。

静御前は、桜花《おうか》咲き乱れる吉野の山に分け入る。がんばれば、愛しい義経に逢える。

そう思うと、山道も恋の道に感じ、一歩一歩登っていく。しかし、そこはやはり女。草深い山道は、骨が折れる。

ふと、気づくと、そばについていたはずの佐藤忠信がいない。

心細くなった静は、以前、義経と別れる時に渡された「初音の鼓」を叩《たた》く。問題の後白河院からもらった鼓である。

ポンポン、ポン…………ポンポン。

と、その時、ドロドロドロドロ……。

花道のスッポン（小さなセリ上がり）から、忠信が登場する。

お供の佐藤忠信が、なぜこんなところから出てくるのか。

それは、忠信がなんと、キツネの化身だから。ややこしいから、あえて、この場面の忠信を「キツネ

忠信」とする。

まさか、キツネと旅をしているとは知らぬ静が、安心したように言う。

「忠信殿、待ちかねました」

キツネ忠信が答える。

「これはこれは、静さま。女中の足と侮《あなど》って、思わぬ遅参《ちさん》、まっぴら御免《ごめん》くださりませ」

「ここは名に負う吉野山。四方の景色もいろいろに」

そうそう、それにしても、なぜ「初音の鼓」を静が叩いたら、キツネ忠信が出てきたのか、ここで説明しておかなければいけない。

実は、このキツネ、静御前の持っている「初音の鼓」の皮に張られたキツネの子。

親恋しさに忠信に化けて、静と鼓を守ってずっとついてきているのであった。

兄と不和になり、疑われ、兄から送られる討手に追われる弟の義経に比べて、鼓の皮になってしまった母を思う子の心。動物のほうがよほど愛情深いことを表している。

キツネ忠信を実際の佐藤忠信と信じて安心している静。

そこへ、頼朝方の悪党の逸見《はやみ》の藤太《とうた》が子分を連れてやって来る。

キツネ忠信に静と「初音の鼓」を渡せと言う。そうはさせまいと、キツネ忠信、見得《みえ》を切って、彼らをやっつけてしまう。

そして、静は義経のもとに向かって旅を続ける。

静の後をうれしそうにキツネ忠信が……。

歌舞伎には珍しいファンタジックなお芝居は、これで、幕。

歌舞伎には、動物がよく出てくる。

有名なところでは「仮名手本忠臣蔵《かなでほんちゅうしんぐら》」の猪、「伽《めい》羅先代萩《ぼくせんだいはぎ》」の鼠《ねずみ》、「菅原伝授手習鑑《すがわらでんじゅてならいかがみ》」の牛、「傾城《けいせい》反魂香《はんごんこう》」の虎、「実盛《さねもり》物語」の馬、「天竺徳兵衛韓《てんじくとくべえこく》噺《ばなし》」では、なんと大きなガマガエルが舞台に登場する。

そうした中で、一番むずかしい演技を要求されるのが、このキツネではないだろうか。

最後の場面、静御前の後を追う忠信の姿が、母と旅することを喜んでいるキツネに見えるかどうかが、役者の腕だ。

知ればもっと面白い！

静が義経の子を産んだって知ってました？

静御前が義経の愛人だということは知っていたが、何者で、いったい、どこで知り合ったのか、知らない人も多いかもしれないので、調べてみることにした。

すると、静は、平安末期から鎌倉初期の女性で、白拍子《しらびょうし》だった。

白拍子とは、何か。

男の貴族のような服装で刀を差し、烏帽子《えぼし》をかぶり、その装束《しょうぞく》で舞を披露する職業の女性。公家や貴族相手の高級遊女の一面も持っていた。あえて、言い換えれば、貴族相手の高級娼婦《しょうふ》兼ダンサー。

静の母の磯禅師《いそのぜんじ》もまた、有名な白拍子であったことは記録に残されている。

そんな静と義経との出会いに関する詳しい資料はない。だが、ふたりはふとした京の宴の席で出会い、義経が静を見初《みそ》めたことは間違いがないだろう。そして、静は、義経の愛妾となる。

だが、平家との戦いが終わった後、義経は平家一族の平時忠《たいらのときただ》の娘・郷御前《さとごぜん》を正妻としたことから、兄・頼朝の怒りを買い、謀反の罪で京都を追われ、流浪の旅に出る。やがて郷御前は自害する。

静も最初は義経といっしょだったが、途中で別れ、この吉野山での後、静は吉野の僧兵たちに捕らえられた。そして、いったん京都に戻されたあと、鎌倉に連行される。

この時、静は義経の子を身ごもっていた。月が満ち、やがて静は男の子を産む。

だが、復讐《ふくしゅう》を恐れた頼朝は、その赤ん坊を由比ガ浜《ゆいがはま》に捨て、無情にもその子の命を奪ったのである。

それから二か月後、静が母・磯禅師とともに京都に向けて鎌倉を立ったことまではわかっているが、その後の消息は、不明である。

静御前の墓（一）

❖ 埼玉県久喜市栗橋中央1−2−10

義経が奥州にいると聞いた静は、北に向かって、侍女を連れ、旅を続けた。だが、途中、栗橋というところで、義経が衣川《ころもがわ》で討ち死にしたと聞き、当時、栗橋にあった高柳寺《こうりゅうじ》（現・光《こう》了寺《りょうじ》）で出家したものの、旅の疲れもあり、文治五（一一八九）年九月二十二日、その寺で亡くなったともいわれている。

栗橋駅東口には静御前の墓と義経の招魂碑、さらには生後すぐに頼朝の手によって殺された男児の供養塔があり、毎年九月十五日には静御前墓前祭が、また十月の第三土曜には静御前祭りが開催されている。

静御前の墓（二）

❖ 茨城県古河市中田1334　光了寺

栗橋にあった高柳寺が移転して光了寺となった。「巌松院殿義静妙源大姉」という戒名と、文治五（一一八九）年九月二十二日に亡くなったことを記す過去帳など、静御前の遺品があるとされる。また、この寺にも静御前の墓が残されている。

静御前の像

❖ 茨城県古河市下辺見《しもへみ》1955

義経を追った静がようやく下総国《しもうさ》にたどりついた時、義経の死を知り、伝説によれば義経の叔父が住職をしていたという高柳寺を訪ね、そこで出家したとされている。近くに「これからどうしようか」と静が思案したといわれる「思案橋《しあんばし》」がある。

光了寺にある静御前の墓。その最期ははっきりしない

毎年開催されている静御前祭りの様子

御前《ごぜん》桜

❖栃木県宇都宮市野沢町

義経が奥州・衣川の戦いで敗れ、死んだことを聞いた静が、義経より贈られた桜の杖を地に刺し、菩提樹にしたところ、やがてその杖から桜の芽が出て、桜の木になったといわれている。現在の桜は十二代目である。

静桜

❖埼玉県久喜市栗橋中央1

宇都宮市野沢の「御前桜」が大変に特徴があり、貴重なものなので、久喜市が「御前桜」を寄贈してもらい、移植。それらを「静桜」と名づけ、静御前の墓所前や排水路などに植えたもの。

桜の開花頃には、さまざまなイベントが開かれる。ぜひ、満開の時に訪れてみたいものだ。

静桜。凜と立つ姿が静御前を彷彿とさせる

舞殿

❖神奈川県鎌倉市雪ノ下2−1−31　鶴岡八幡宮内

鶴岡八幡宮の本宮へ上る石段下に、本宮を配する下拝殿がある。

吉野山で捕らえられた静御前が源頼朝と北条政子の前で舞を踊ったところから「舞殿」と呼ばれている。

毎年四月の第二土曜日の「鎌倉まつり」の際、この「舞殿」において、静が義経を偲《しの》んで舞った故事にちなんだ舞踊が各流派輪番の主催で行われている。

頼朝・政子の前で、静が踊ったという舞の歌詞が残されている。

「しずやしず　しずのおだまきくりかえし　むかしをいまになすよしもがな」

静御前最中と静まんじゅう

❖埼玉県久喜市栗橋中央1−2−7−2　三笠屋《みかさや》

栗橋の静御前の墓近くの和菓子店・三笠屋で売られている最中は、栗入りの餡や、柚子の香る餡などが楽しめる。

餡を「静」の焼き印が押されたもっちりとした皮で包んだのが、静まんじゅう。

いずれも土地の銘菓として、地元の住民や栗橋を訪れる人々から愛されている。

これ、千松《せんまつ》 よう死んでくれた

伽羅《めいぼく》先代萩《せんだいはぎ》《先代萩》御殿《ごてん》の場《ば》

「感極まる」という言葉がある。上を向いてこらえようにも大粒の涙がひとつ、ふたつと頬《ほお》を伝う。
この章の最後に、紹介しよう。多くの観客が思わず「感極まる」舞台が、これだ。
人は、人が涙を流すのを見て泣くのではない。人が涙をこらえているのを見て、涙をこぼすのだ。

舞台は、足利《あしかが》家の目のくらむような金襖《きんぶすま》の御殿。二人の小さな子供が遊んでいる。ひとりは、足利家の幼い主君・鶴喜代《つるきよ》、もうひとりは鶴喜代の乳母《めのと》・政岡《まさおか》の子、千松《せんまつ》。政岡にすれば、二人とも自分の子と同じでかわいい。

座敷の奥で、その政岡が茶釜でご飯を炊《た》いている。

この政岡の所作が美しい。黒地に雪をかぶった竹と雀《すずめ》の柄《がら》の打掛けを脱ぎ、鮮《あざ》やかな緋色《ひいろ》の着付けで炊いている。

なぜ、政岡はそんなことをしているのか。

それは、いま足利家はお家騒動のさなかで、お家乗っ取りを企てる一味が、鶴喜代の毒殺をたくらんでいるからである。

鶴喜代もそれを知って、健気《けなげ》に空腹を我慢しているし、政岡の子・千松に至っては、鶴喜代が食べるものの毒味をするよう、政岡から命じられている。

「おなかがすいても、ひもじゅうない」

千松は、そう言う。我慢強い。しかも、毒味をするということは、幼くして、いつ死ぬかわからないという覚悟ができている。まさに武士の子。

そこへ、足利本家の管領・山名宗全《やまなそうぜん》の奥方・栄《さかえ》御前《ごぜん》が将軍から下賜《かし》されたと称して、菓子を持って入ってくる。鶴喜代、ひもじいうえに、足利本家からの贈物、一口食べようとするその瞬間、奥に控えていた千松が、ひとつ口にくわえ食べると、残りの菓子を蹴飛《けと》ばしてしまう。

案《あん》の定《じょう》、毒入り菓子。

いざという時は、そうやって主君の身替りになるようにと、政岡から厳しく教えられた通りに、幼いながら千松、毒味を見事にやってのけた。

作戦がバレたと思った一味の女、お家乗っ取りを企《くわだ》てる首謀者・仁木弾正《にっきだんじょう》の妹・八汐《やしお》が「行儀が悪い」とお手討ちにするふりをして、千松をなぶり殺しにする。

だが、母・政岡は顔色ひとつ変えない。その場にいたものは、殿を守るべく、蜘蛛《くも》の子を散らすように広間を出ていき、舞台の上は、栄御前と政岡、そして斬《き》られて死んで横たわる千松。

その時、毒入り菓子を持ってきた栄御前は、こう思った。

この女、わが子が死んでも平然としていられるのは、前もって、鶴喜代君と千松を入れ替えておいたからだ。ということは、毒菓子を食べて死んだのは鶴喜代。だとすれば、この政岡は、われらが味方……。

ならばと、栄、乗っ取り一味の連判状を渡し、部屋を出ていく。

舞台には、政岡と愛する息子の遺体。まわりには、誰もいない。悲しみが全身を襲う。

ついに耐えきれず、泣き叫ぶ政岡。

これ、千松、よう死んでくれた。でかしゃった、でかしゃった、でかしゃった、でかしゃった、でかしゃったのう……。

三千世界に子を持った親の心は、みなひとつ。子のかわいさに、毒なもの食うなと言うて叱《しか》るのに、毒と見たら試みて、死んでくれと言うような、胴欲非道《どうよくひどう》な母親が、またと一人、あるものか。

油断大敵。御殿の隅で、政岡の嘆きを聞いていた八汐が突如、政岡に切りかかる。だが、政岡、わが息子の仇《かたき》と、八汐を返り討ちにする……。

知ればもっと面白い!

「伊達騒動」をもとにした名作

「伽羅先代萩」は、江戸時代に実際に奥州仙台藩で起こった伊達《だて》家乗っ取り事件をもとに書かれている。「伽羅先代萩」の「伽羅」は、放蕩《ほうとう》する殿さまが香木伽羅《こうぼくきゃら》で作らせた高級下駄で吉《よし》原《わら》に通っていたということを表す。「先代」は、仙台を意味し、萩は宮城野の名花から来ている。

さて、この芝居の元ネタ「伊達騒動」と呼ばれる一連の事件のあらましは、こうだ。

仙台藩第三代藩主であった伊達綱宗《つなむね》は、伊達政宗《まさむね》の孫にあたるが、十八歳で伊達藩の藩主になったものの、藩政を顧みず、もっぱら酒色や趣味に耽《ふけ》った。吉原の遊女、高尾太夫《たかおだゆう》を愛し、廓《くるわ》に通ったことから、この高尾、歴代高尾太夫と区別させるべく「仙台高尾」と呼ばれているほどだ。

そのため、藩内では、陸奥一関《むついちのせき》藩主・伊達宗《むね》勝《かつ》(伊達政宗の十男)らの政治干渉、それに対する家臣団の分裂などが起こり、それが原因で、伊達綱宗は万治三(一六六〇)年、幕府から「隠居」を命じられ、家督は綱宗の長男で、当時二歳であった亀千代《かめちよ》(のちの四代藩主・伊達綱村《つなむら》)に譲られた。

二歳ということは何もできない。したがって、その後見役《こうけんやく》が藩内で藩主以上の力を持つことになる。その役割を担ったのが、先の宗勝と原田《はらだ》甲斐《かい》であった。だが、彼らは自分たちの都合の良いことばかりを優先、悪政を続けたため、それを知った保守派の伊達宗重《むねしげ》らが幕府に訴えた。

寛文十一(一六七一)年、大老・酒井雅楽頭《うたのかみ》邸での評定《ひょうじょう》の際、訴えた伊達宗重は原田甲斐に討たれ、原田は酒井家の家臣に斬《き》られた。宗勝はその悪事が露見し流罪、ようやく伊達藩に平和が戻ったという事件である。では、多くの観客を「感極ませた」政岡は、果たして実在していたのだろうか。その答えは次のページで。

三沢初子の墓と像

❖東京都目黒区中目黒3―1―6　正覚寺内

この寺を訪れるとまず目に入るのが「浅岡《あさおか》の局《つぼね》」、三沢初子《みさわはつこ》、すなわち「先代萩」の政岡のモデルとなった人物の立派な立像である。

これは、名優六代目尾上菊五郎の弟子、尾上梅朝《ばいちょう》が演じた「政岡」をもとに建てられたという。

本来、初子は容姿端麗であったにもかかわらず、その像がなぜか、がっしり見えるのは、骨太の男が演じた「政岡」だったからかもしれない。

また、近くには、四代藩主・綱村の生母でもあった初子の墓、そして、初子の両親の墓がある。

初子は、藩主としての務めを見事に果たす綱村の姿を見届け、四十七年の生涯を閉じた。

浅岡飯《まま》たきの井

❖東京都港区芝公園1―5―25　増上寺前　港区役所正面玄関脇

こんな遺跡が残っている。井戸である。

幼くして四代目となったわが子（亀千代）を毒殺の危機から救おうと、浅岡の局（三沢初子）がこの井戸の水を汲んで調理したと伝えられている。

当時、この井戸は、伊達藩がよく利用した増上寺の支院・良源院の境内にあったというから、間違いはないだろう。

子を思う母の気持ちに思いを馳せよう

鹽《しお》竈《がま》神社と塩釜公園

❖東京都港区新橋5―19―2、5―19―7

第四代仙台藩主・伊達綱村（幼名亀千代、浅岡の子）が、藩の安寧を祈念して、奥州の領内にある鹽竈神社本社から江戸芝口上屋敷（浜屋敷）へ分霊したのがはじまりで、安政三（一八五六）年に正式に移転したとされる神社がある。

隣の小さな公園には、伊達騒動と歌舞伎の名作「伽羅千代萩」に関する碑が建っている。

舞台の「政岡」の嘆きがどこからか聞こえてくるかもしれない。でかしゃった、でかしゃった、でかしゃった……と。

第二章　歌舞伎に見る江戸吉原の旅

吉原の歴史

さあ、歌舞伎の演目に関する「ゆかりの場所」探しを終えたら、次は「吉原《よしわら》」を旅してみよう。

多くの演目の舞台となっている吉原がいつ誕生し、どんな歴史や物語があるのか、そして、いま、どんな名残《なごり》が残っているのか、探し歩いてみるのも「歴史散歩」の楽しみのひとつだ。

では、まず「吉原の歴史」から見ていこう。


江戸の一大歓楽地「吉原」が誕生したのは、いったいいつだろうか。

吉原はその歴史を見ると、ふたつの「吉原」があったことがわかる。通称「元吉原」と「新吉原」である。

まず「吉原」が誕生し、明暦三（一六五七）年の大火（振袖火事《ふりそでかじ》）によって、すべて焼失したため「吉原」は移転を余儀なくされた。この事件を境に、以前の「吉原」を「元吉原」、その後を「新吉原」という。

一般に「吉原」という場合は、明暦大火以後の「新吉原」のことを指していることが多い。

最初の「元吉原」が営業を開始したのは、元和四（一六一八）年だから、いまからなんと四百年も前になる。


もちろん「吉原」の誕生は、徳川家康《とくがわいえやす》の江戸入府によることは間違いはない。ちなみに家康が江戸に入ったのが、天正十八（一五九〇）年。そして、関ヶ原における勝利によって江戸幕府が成立したのが慶長八（一六〇三）年である。ちなみに、この年、京都では出雲《いずも》の阿国《おくに》の「かぶき踊り」が人々を驚かせている。ここでも、歌舞伎と吉原は一本の線でつながっている。

一方、その頃の江戸にいったい何が起こっていたか――。あえて現代風な言葉でいえば、都市開発の大ブーム。新しい都「江戸」の市街地形成のために台地を削ったかと思えば、その土を海岸の埋め立てに利用する。武蔵野《むさしの》の原野は開拓され、利根川《とねがわ》の河川は整備される。

いまでいう公共事業。

そうなれば、仕事を求める労働者が大量に江戸に集まる。記録によれば、この期間、つまり、江戸が整備される慶長年間から元和にかけて、江戸の人口の七割が男だったと記されている。


男、それも労働者が多く集まれば、女、すなわち遊女が必要になるのは必定《ひつじょう》。

いまの言葉でいえば、ここに、ビジネスチャンスが生まれたわけである。

まだ「元吉原」も誕生しない時代、江戸の各地に遊女屋や湯女のいる風呂屋が激増し、いわゆる売春を目的とした店は、道三河岸《どうさんがし》（いまの京橋あたり）に二十数軒、麹町《こうじまち》や神田鎌倉河岸にも、遊女屋が十四、五軒あったという。

彼らは江戸で新たに商売をはじめたわけではなく、もともと京都や家康の地元、駿河《するが》、あるいは奈良、伏見《ふしみ》で遊女屋を営んでいた者たちが、家康江戸入府を機に「それ、いまだ」と江戸に引っ越してきたのである。ただし、道三河岸だけは、江戸在住の者が経営したといわれている。


そんな中、江戸幕府が成立した二年後の慶長十（一六〇五）年、江戸柳町《やなぎちょう》遊女屋「西田屋」の主人、庄司甚右衛門《しょうじじんえもん》が、幕府に「遊女屋を一か所に集め、幕府の管轄にする」といういわゆる「遊郭」の設置を陳情したという記録がある。だが、時期尚早か、さすがにそれは、許可が下りなかったという。

しかし、甚右衛門は、懲《こ》りずに慶長十七（一六一二）年に二度目の陳情をしている。

なぜ、それほど力があるとは思えない遊女屋の主人ごときの庄司甚右衛門が、わざわざ幕府に頭を下げたのか。調べてみると、その理由が実にユニークだった。

甚右衛門に言わせると、江戸各地に次々とできる遊女屋をこのまま放っておけば、江戸市中における遊女屋の数も、遊女の数も鼠算式《ねずみざんしき》に増えていき、新しい都である江戸が喧嘩《けんか》や犯罪の渦巻く町になってしまう。現代でいえば、ソープランドや風俗店が極端に激増すれば、町そのものが退廃的な都市になってしまうということだ。

したがって、それを防ぐには、幕府そのものが自ら直轄の「遊郭」を造り「遊女屋の公認制度」をはじめ「客の長逗留《とうりゅう》禁止」「人身売買の取り締まり」「お尋《たず》ね者の情報提供」などの規則を設け、江戸の治安維持を率先して図るべきだと主張したのである。

考えようによっては、甚右衛門、幕府に媚《こび》を売り、いわゆる規制緩和の逆、既得権益の確保を狙ったのかもしれない。徳川幕府公認の売春施設を造りたかったのだから。

もちろん、業者の中には、甚右衛門に反対の意見もあった。

「売春行為まで、幕府に管理されていいのか。もっと自由であるべきだ」というのが、彼らの反対の理由。自由主義、資本主義の論理。言い換えれば「管理売春」か「自由売春」かの戦いでもあった。

なぜそうなったかは定かではないが、ともあれ、庄司甚右衛門の幕府への長年の陳情が実り、江戸幕

府は、元和三（一六一七）年、日本橋葺屋町《ふきやちょう》の東隣（現・中央区堀留二丁目付近）にようやく条件付きで遊郭の設置を許可した。

　その条件は下記の通りであった。

- 遊郭以外での遊女屋営業の禁止
- 客の長逗留禁止。一日一夜とする
- 遊女の衣類等に金銀を使用する贅沢《ぜいたく》の禁止
- 家作は質素にし、経営者は町役人を務め、町の管理の役目を果たす
- 武士町人にかぎらず、町役人は身元不詳の者がいれば奉行所に届けること

　庄司甚右衛門の願いは、ほとんど認められたといっていいだろう。

　許可が下りると、早速、葺屋町のあたり一面の葭《よし》を刈り取るところから遊郭造りの工事が始まり、一年がかりで、翌元和四（一六一八）年、江戸に初めて幕府公認の遊郭が完成した。

　その一帯が葭《よし》の生い茂る湿地帯だったことから遊郭の名を「葭原《よしわら》」とし、早速、遊女屋は女たちを売り物に、その営業を開始した。やがて「葭原」の「葭」

の字に、縁起のいい「吉」の字を用いることになり、この遊郭は「吉原」と呼ばれるようになったのである。

しかし先述したとおり、この「吉原」は、誕生して三十九年後の明暦三年、焼失町数八百町、焼死者なんと十万人という大火によって、一瞬のうちに焼失。約四十年続いた歴史も灰燼《かいじん》に帰した。

業者たちは、移転を命じられ、場所は本所か浅草のどちらかという選択を求められたが、業者たちはしぶしぶ、浅草を選択した。

浅草とはいえ、遊郭の設置が許されたのは、田んぼの中。

以前の「吉原」と比べても、立地的にはかなり遠いのと不便な場所ゆえ、不満が出たが、その代償として、幕府から新たに与えられた遊郭の面積は、五割増しとなった。

その結果、東西百八十間《けん》、南北百三十五間の長方形の土地に、元吉原以来の江戸町一丁目、二丁目、京町一丁目、二丁目、角町の「吉原五丁町」に、揚《あげ》屋《や》町、伏見《ふしみ》町、堺《さかい》町を足し、中央にメインストリート「仲之町《なかのちょう》」が造られた。

そして、向かい合う町と町の間の通りの両側には紅殻格子《べんがらごうし》の遊女屋が連なり、通りの中央には行燈《あんどん》が一定間隔で並び、格子から漏《も》れる張見世《はりみせ》の明かりに吸い寄せられるように、以前より増して、多くの男たちが集まってきた。

入口に大門《おおもん》。周囲には幅二間の鉄漿溝《おはぐろどぶ》がめぐらされ、門が閉まると、人はすべて出入りできないようにした。

寛延二（一七四九）年には、大通り「仲之町」に桜並木が植えられ、歌舞伎の舞台に見られるような、まさに春爛漫《はるらんまん》の夜桜と花魁《おいらん》の共演で一大歓楽街となったのである。

——以上が昭和三十三（一九五八）年、遊郭が廃止されるまで三百年続いた「吉原の歴史」である。

『江戸自慢三十六興』（二代目歌川広重、三代目歌川豊国・画、国立国会図書館蔵）より「新よし原仲の町の桜」

歌舞伎の中の遊女たち

「この五丁町へ脛《すね》を踏ん込む野郎めらは、おれが名を聞いておけ」

　舞台一面、花道までありとあらゆるところに桜を飾り立て、桟敷《さじき》を吉原の茶屋に見立て、ずらりと提《ちょう》灯《ちん》が並ぶ中、遊女屋「三浦屋」の前での花川戸助六《はなかわどのすけろく》のこのセリフには、まさに溜飲《りゅういん》の下がる思いである。

　この助六の相方は、揚巻《あげまき》である。豪華な花魁の衣装を纏《まと》い、大勢の供を連れ、八文字《はちもんじ》という独特の歩き方で舞台に登場する。

　いい機会だから、ここで歌舞伎の名作に登場する吉原の遊女たちを紹介しておこう。

揚巻《あげまき》

「助六由縁江戸桜《すけろくゆかりのえどざくら》」の中で、花川戸助六の愛人。金と権力を武器に自分のものにしようとする髭《ひげ》の意《い》休《きゅう》に悪態をついて、遊女の意気地《いきじ》を見せる。詳しくは六十二ページから。

八ツ橋《やつはし》

「籠釣瓶花街酔醒《かごつるべさとのえいざめ》」、通称「籠釣瓶」に登場する遊女屋「兵庫屋」の遊女。

　野州《やしゅう》の百姓、あばた面《づら》の佐野次郎左衛門《さのじろうざえもん》が江戸土産にと吉原を訪れ、仲之町の花魁行列で八ツ橋を見初《みそ》め、夢中になってしまう。だが、まったく相手にされない。

　しかし、金儲《かねもう》けをしようと企《くわだ》てる一味によって、八ツ橋は最終的な選択を迫られ、満座の中で、次郎左衛門に強烈な愛想尽かしをする。ために、次郎左衛門の手によって斬《き》り殺されてしまう。

小紫《こむらさき》

「其小唄夢廓《そのこうたゆめもよしわら》」、通称「権八小紫《ごんぱちこむらさき》」に登場する「三浦屋」の遊女。

　前髪姿の若衆・白井権八《しらいごんぱち》、小紫と逢《あ》うための金が欲しさに悪事を重ね、ついに捕らえられ、鈴ヶ森《すずもり》であわや処刑されるという寸前、廓《くるわ》を抜け出した小紫に助けられる――というのは権八の夢で、夢から覚めるとそこは桜満開の吉原仲之町、美しい花魁・小紫が待っていた。

この小紫、実在の花魁で、二世《ふたよ》を誓った権八が処刑された後、大尽《だいじん》に身請《みう》けされたが、請け出されたその日、権八の墓前で自害し「誠を貫き通した」と語り伝えられている伝説の遊女である。

高尾《たかお》

一般に「高尾太夫《だゆう》」として、京町三浦屋で代々襲名された花魁名であるが、何代続いたかはっきりとしない。

歌舞伎で有名なのは、仙台藩主・伊達綱宗《だてつなむね》の言うことを聞かず、惨殺された「仙台高尾」で、舞踊劇「高尾さんげ」が残っている。

「仙台高尾」にかぎらず、多くの高尾太夫の「金と力にはなびかない」という、いわゆる「張り」に江戸庶民が共感したといわれている。

十六夜《いざよい》

「花街模様薊色縫《さともようあざみのいろぬい》」、通称「十六夜清心《いざよいせいしん》」に登場する遊女屋「扇屋」の遊女。

破戒僧・清心《せいしん》と懇《ねんご》ろになり、子を宿してしまった十六夜は、清心が追放になったことを知り、二人で稲瀬川《いなせがわ》（隅田川）に身を投げた。

だが、二人とも別々に助けられ、旅に出たが箱根で再会、清心は鬼薊清吉《おにあざみせいきち》、十六夜はおさよと改名して悪事に走っていた。だが、清心が殺した相手が十六夜の弟、おさよが強請《ゆす》った相手が清心の兄と知り、因果の恐ろしさに再び心中した。最初に心中を企《くわだ》てた一年後であった。

葛城《かつらぎ》

舞踊劇「鞘当《さやあて》」に登場する花魁。

桜が満開の江戸吉原仲之町。無骨な浪人・不破伴《ふわばん》左衛門《ざえもん》と、同じ浪人ながらイケメンの名古屋山三《なごやさんざ》がすれ違いざま、刀の鞘《さや》が当たった。

武士の面目、そのまま行き過ぎるわけにもいかない。一歩も譲らない二人。止めに入ったのが、いまをときめく全盛の花魁、葛城。ふたりとも、葛城の客。しかも、山三は葛城の情夫だった――。

宮城野《みやぎの》

「碁太平記白石噺《ごたいへいきしろいしばなし》」、通称「揚屋《あげや》」の主人公で、「大黒屋」の花魁。

昼をあざむく夜の歓楽街吉原で、いま全盛の太夫である宮城野のところに田舎《いなか》娘が訪ねてくる。聞けば、故郷に残した自分の妹。父親の仇《かたき》を討つために江戸に出てきたという。やがて「大黒屋」の主人の協力を得て、ふたりは仇討《あだうち》の旅に出る。

浦里《うらさと》

「明烏《あけがらす》 夢泡雪《ゆめのあわゆき》」、通称「明烏」の主人公で、吉原「山名屋」の遊女。

遊女浦里には、春日屋の時次郎《ときじろう》という男がいて、みどりという子供までつくっていた。だが、時次郎には浦里を請け出す金がない。そこで、山名屋の主人は、ふたりの仲を裂こうとする。ある夜、浦里の部屋に忍び込んだ時次郎は、店の者に見つかり、追い返される。浦里は、折しも降る雪の中で、みどりとともに折檻《せっかん》される。そこへ駆けつける時次郎。親子三人はあてもなく山名屋を飛び出していった――。

三千歳《みちとせ》

「天衣紛上野初花《くもにまごううえののはつはな》」、通称「三千歳直侍《みちとせなおざむらい》」に登場する吉原の抱え遊女。

三千歳は、御家人・片岡直次郎《かたおかなおじろう》の情婦であるが、愛する直次郎は犯罪者で追われている身である。

たまたま病気療養のため、入谷《いりや》村にいることを知った直次郎は、逃亡生活の中で一日だけでも三千歳に逢っていこうとする。三千歳は、直次郎といっしよに逃げることなどできないと知りつつ、連れて逃げてと言う。

ふたりが旅に出ようとしたその時、捕吏《ほり》が踏み込んでくる――。

此糸《このいと》

「若木仇名草《わかぎあだなぐさ》」、通称「蘭蝶《らんちょう》」に登場する吉原「若木屋」の花魁。

若木屋の人気の花魁・此糸のところに、幇間《ほうかん》・蘭蝶がしきりに通ってくる。たいこもちと遊女の恋はタブーである。

だが、蘭蝶はもともと幇間ではなかった。ある茶入れの詮議《せんぎ》のため、武士でありながら庶民と偽って、内偵を進めているのだ。

そして、その茶入れは此糸の客、鞠《まり》ヶ瀬《せ》伝蔵《ぜんぞう》が持っていることを知る。

それを知った此糸は、好きでもない伝蔵に身請けされる決心をし、蘭蝶に愛想づかしをする。カッとなった蘭蝶、此糸と伝蔵を斬る。あとで、その茶入れが蘭蝶の手に入り、それが此糸のおかげだったことに蘭蝶は、はじめて気づく――。

ときめく吉原への道

ところで、歌舞伎の舞台の主役だった先の花魁たちに逢いに行った花川戸助六、佐野次郎左衛門、白井権八らは、いったいどうやって吉原に行ったのだろう。

おもしろそうだから、ちょっと調べてみた。

吉原は、浅草寺から北へ十町ほどのところにあった。しかし、出入口は大門《おおもん》だけだから、助六も権八も、ときめきながら大門をくぐったことは間違いがない。

大門

大門《おおもん》は吉原唯一の出入口。板葺《いたぶ》き屋根付きの冠木《かぶき》門《もん》で、思ったより簡素な造りであった。そして、門の扉は夜明けとともに開けられ、夜四《よ》つ（午後十時）に閉ざされた。つまり、その晩、泊まらない客は、大引けの合図を聞くと吉原を出ていかなければならなかったわけである。

大門を入った左手には番所《ばんしょ》、右手には会所があり、番所は岡っ引きが、不審者を見張り、会所では番人が遊女の逃亡に備えて、女の出入りに気を配った。

さて、その大門にたどり着く前に必ず通らなければならないのが日本堤《にほんづつみ》である。助六も権八も、間違いなくこの堤を歩いたのである。何を考えながら歩いていたのか、想像するだけで楽しい。

日本堤

吉原へ行くにはいろいろな方法があったが、駕籠《かご》で行くにも、舟で行くにも、また徒歩で向かっても、どちらにしても、最後には日本堤に出た。

日本堤は、浅草聖天町《しょうでんちょう》から三ノ輪《みわ》まで山谷堀《さんやぼり》に沿って築かれた土手が続く道である。

聖天町から吉原入口の衣紋坂《えもんざか》までは、八丁の距離だったところから、「土手八丁」とも呼ばれた。

見渡せば、堤のまわりは田んぼばかり。木立越しにはるか、吉原の遊女屋の楼閣《ろうかく》の屋根が見下ろせた。ここまでくれば、吉原は、もう一息であった。

この堤は、隅田川の洪水を未然に防ぐため、幕府が率先して行った二か所の堤防工事、「二本堤」から、その名前がついたといわれている。

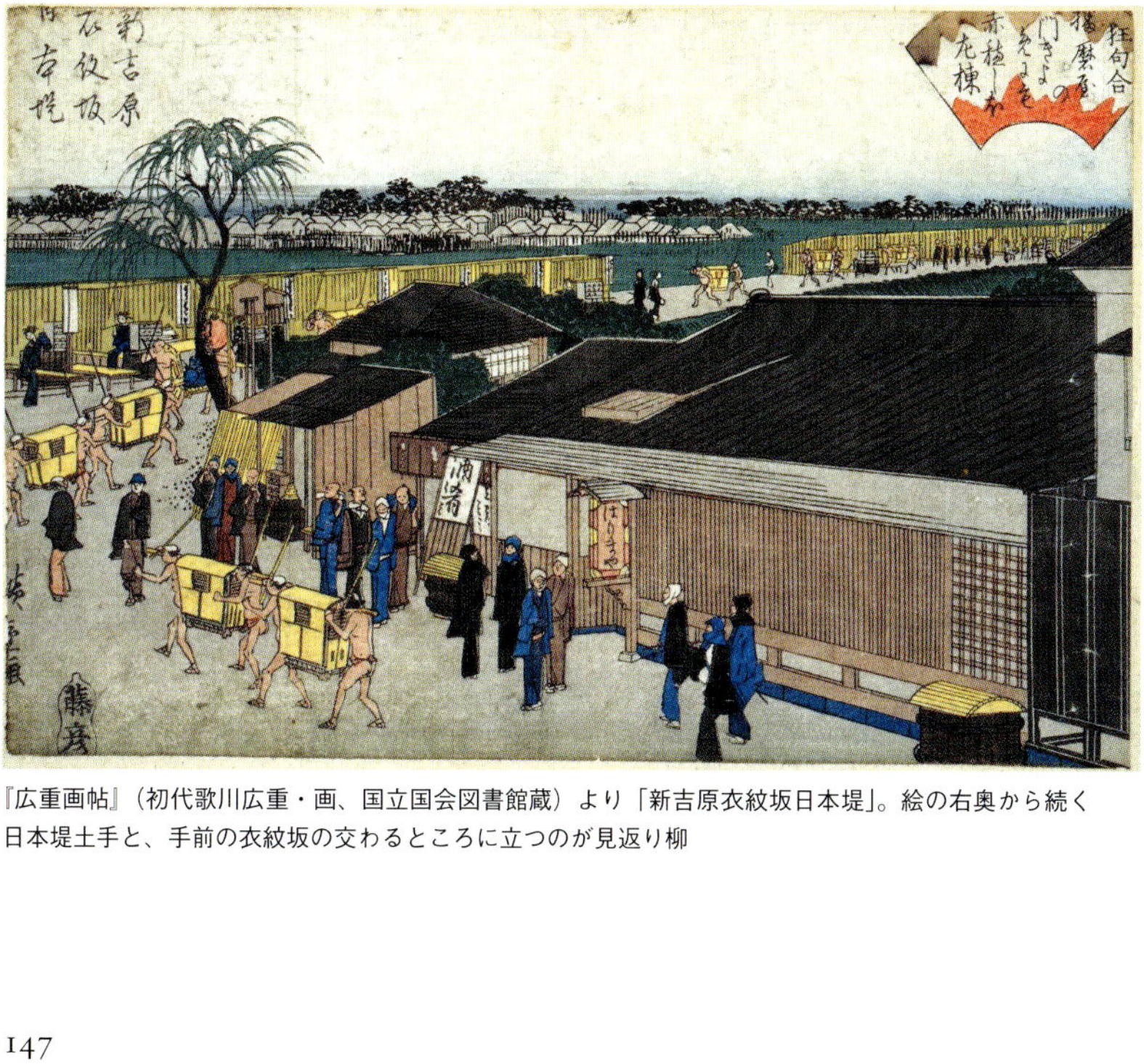

『広重画帖』（初代歌川広重・画、国立国会図書館蔵）より「新吉原衣紋坂日本堤」。絵の右奥から続く日本堤土手と、手前の衣紋坂の交わるところに立つのが見返り柳

四つの吉原への道

花川戸助六も、白井権八も日本堤に出て、大門《おおもん》をくぐったことは間違いがない。日本堤まで行くには、四つの方法があった。

舟で吉原に向かうには、神田川が隅田川に合流する柳橋の船宿で、細い小型の「猪牙舟《ちょきぶね》」を頼む。舟は、手慣れた粋《いき》な船頭の棹《さお》さばきで速度を上げ、吾《あ》妻《づま》橋を抜け、待乳山《まつちやま》が見えてくると、山谷堀へ。舟は速度を落とし、左に折れて今戸《いまど》橋をくぐる。遠く向こう岸には、三囲《みめぐり》神社の鳥居が見える。もう、目の前が日本堤である。

次に駒形から「馬道《うまみち》」を隅田川沿いに歩いて、日本堤に出る道。禁止されるまで、多くの武士たちが吉原に行く時に、馬でこの道を行ったところから「馬道」と呼ばれている。

また、浅草寺《せんそうじ》裏門から北上して、日本堤に出る道もあった。この道を使えば、利用者が少ないので、知り合いと出くわさないというメリットがあった。

そして、最後、四つ目は、上野の東側を北上して日本堤の西側、三ノ輪に出る道。神田方面からは、この道が早いとされていた。

揚巻の面影を求めて吉原の「いま」を歩く

歌舞伎の中の「吉原」について調べてきたが、いま、何か江戸時代の「吉原」の面影を偲《しの》ぶものはないだろうか。

探ってみることにした。

◆山谷堀公園　❖東京都台東区東浅草1—4—9

江戸、吉原全盛期、隅田川から吉原に向かう水路があった場所。猪牙舟で多くの粋客が吉原に向かった姿を想像するのもよい。いまは、埋め立てられ、公園になっている。

花見時期の山谷堀公園

◆今戸橋跡　❖東京都台東区浅草7—11—12

山谷堀には八つの橋が架かっていたといわれる。その最後が今戸橋で、舟がこの橋の下をくぐると、不夜城吉原は目の前であった。いま、その名残の橋桁《はしげた》が残されている。

◆土手の伊勢屋　❖東京都台東区日本堤1—9—2

吉原に通う客が通った老舗天丼屋。創業は明治。ただし、現在の建物は関東大震災後に建てられたものといわれている。

◆料亭「金村」　❖東京都台東区千東4—16—7

吉原最後の料亭。現在は「桜なべ中江別館　金村」として営業している。

◆見返り柳　❖東京都台東区千東4—10—8

かつて、吉原で楽しく遊んだ客たちが大門を出て「今度いつ来られるだろうか」と思わず振り返ったといわれている柳の木があった。いわば、吉原のシンボルである。もちろん、往時の柳ではないが、同じ位置で柳が江戸の名残を現在に伝えている。

現在はつい通りすぎてしまうほど
ひっそりとたたずむ見返り柳

◆吉原大門　❖東京都台東区日本堤1－8

吉原遊郭の正面玄関のあった大門。その名残を伝える柱があった。おもしろいことに、いま交番のあるあたりには、かつて大門を監視する四郎兵衛《しろべえ》番所《ばんしょ》があったとされる。

かつての華やかさはうかがえない

◆吉原神社　❖東京都台東区千東3－20－2

大門の手前にあった玄徳稲荷、かつて、廓の四隅に存在し、遊女たちが詣《もう》でた榎本《えのもと》稲荷、明石《あかし》稲荷、開運《かいうん》稲荷、九朗助《くろすけ》稲荷を合祀《ごうし》して、明治五（一八七二）年に誕生した。

◆吉原弁財天　❖東京都台東区千東3－22－3

境内の中心には、不運な死を遂げた遊女たちの魂を守る吉原観音が祀《まつ》られている。また、境内には、遊女の小さな墓がある。

吉原弁財天、遊女の墓。廓の悲喜こもごもが伝わる

◆浄閑寺　❖東京都荒川区南千住2－1－12

境内に「新吉原総霊塔」があり「生まれては苦《く》界《がい》、死しては浄閑寺《じょうかんじ》」という碑が建立されている。通称、「投げ込み寺」。平均年齢二十一歳の身寄りのない吉原の遊女たち二万人が眠っているといわれている。花魁と恋に落ち、非業《ひごう》の死を遂げた役人と花魁の「新比翼塚《しんひよくづか》」や、年季明けには晴れて所帯を持つ予定であったが、あと五日という日に客の刃に倒れた「角海老《かどえび》」楼遊女若紫《わかむらさき》の供養碑もある。

また、浄閑寺の御朱印《ごしゅいん》には「新吉原霊場　投込寺　浄閑寺」と書かれているので、一度、訪れるといい。

第三章 江戸〜東京・歌舞伎ワンダーウォーク

では、最後に、演目には関係なく、歌舞伎好きには必見の名所をご案内しよう。「あっ、こんなところに！」と、意外な発見があるので、ぜひ訪れてみてほしい。

平成中村座発祥の地記念碑

❖東京都台東区浅草7—1　隅田公園（浅草側）内

十八代目中村勘三郎《なかむらかんざぶろう》が中村座ゆかりの浅草で平成十二（二〇〇〇）年、平成十三（二〇〇一）年と二年連続で仮小屋を建て、歌舞伎公演を行い、大人気となったことを記念して、平成二十七（二〇一五）年に建てられた記念碑。

碑の高さが勘三郎の背に合わせてあるといわれている。平成一の人気歌舞伎役者だった中村勘三郎を偲《しの》んで、碑の脇に立ってみるのもいい。

18代目勘三郎の熱い思いを伝える

十八代目中村勘三郎の鼠小僧像

❖東京都台東区浅草1—39—11

浅草散策の折にはぜひ頭上にも注目

十八代目中村勘三郎が劇作家・野田秀樹《のだひでき》と組んで演じた「野田版 鼠小僧《ねずみこぞう》」の鼠小僧姿の勘三郎の像が、浅草公会堂前の着物屋「胡蝶《こちょう》」の屋根の上にある。その顔が、亡き勘三郎にそっくりとの評判である。ファンだった人は、必見である。

十八代目中村勘三郎の墓

❖東京都台東区竜泉1—20—19 西徳寺

「平成中村座」をはじめとした庶民のための歌舞伎をめざして大活躍したが、平成二十四（二〇一二）年に無念にも若くして亡くなった中村勘三郎。「波野家の墓」の中で、尊敬し続けた父・人間国宝十七代目中村勘三郎とともに静かに眠っている。

十代目坂東三津五郎の墓

❖東京都府中市多磨町4—628 多磨霊園内

十八代目中村勘三郎と大の仲よしで、踊りの名手として謳《うた》われた十代目坂東三津五郎《ばんどうみつごろう》。前名・坂東八十助《やそすけ》のほうがわかりやすいかもしれない。

勘三郎の後を追うようにして、平成二十七（二〇一五）年二月二十一日、やはり若くして亡くなり、多磨《たま》霊園内の「守田《もりた》家累代之墓」で眠っている。なぜ、坂東家なのに守田家の墓に入っているのか調べてみたら、坂東三津五郎家は、守田勘彌《かんや》家とは深い縁戚関係にあり、十二代目守田勘彌の子が十三代目勘彌と七代目坂東三津五郎。この十代目の本名は守田寿《ひさし》であった。ちなみに、現在女方の代表である坂東玉三郎《たまさぶろう》は、十四代目守田勘彌の芸養子であることから、同じ大和屋《やまとや》である。なお、この多磨霊園には夏目雅子《なつめまさこ》、スーちゃんこと田中好子《たなかよしこ》も眠っている。

十二代目市川團十郎の墓

❖東京都港区南青山2—32—2 青山霊園内

人気役者、現市川海老蔵《いちかわえびぞう》の父である十二代目市川團十郎《だんじゅうろう》の墓所は「堀越《ほりこし》家」累代の先祖とともに青山霊園内にある。いま建っている墓石は、当代海老蔵が建立したものである。また、海老蔵の妻で、三十四歳の若さで死去した小林麻央《こばやしまお》も、十二代目市川團十郎とともに「堀越家」の墓の中で眠っている。

初代中村吉右衛門の碑

❖東京都台東区浅草2―3―1　浅草神社内

明治から大正にかけて六代目尾上菊五郎《おのえきくごろう》とともに「菊吉時代」と呼ばれる隆盛を誇った歌舞伎の名優、初代中村吉右衛門《なかむらきちえもん》は、明治十九（一八八六）年浅草で生まれた。

その偉業を今日に残す碑が、浅草神社にある。『鬼平犯科帳』の長谷川平蔵《はせがわへいぞう》役で人気の二代目中村吉右衛門は、初代吉右衛門のひとり娘の子供、つまり孫にあたる。

六代目尾上菊五郎の墓

❖東京都台東区今戸2―4―2　広楽寺

明治十八（一八八五）年生まれ。初代吉右衛門と「菊吉時代」という歌舞伎の全盛期を築き、日本一の役者と呼ばれた名人。歌舞伎で「六代目」と言ったら、この人を指す。

昭和二十四（一九四九）年没。平成中村座などで活躍した十八代目中村勘三郎の母親は、この六代目菊五郎の長女。

猿之助横町の碑

❖東京都台東区浅草3―39―10

二代目市川猿之助《いちかわえんのすけ》が生まれ育ったというところから、この界隈《かいわい》を「猿之助横町」と呼んでおり、現在、その碑が残されている。

近くには、猿之助がよく出演していた宮戸座《みやとざ》という芝居小屋があった。

史跡　江戸歌舞伎発祥之地

❖東京都中央区京橋3―4　中央通り際

中村座《なかむらざ》の始祖・猿若勘三郎《さるわかかんざぶろう》は天下の名優と謳《うた》われ、元和八（一六二二）年江戸に下り、寛永元（一六二四）年、中橋南地《なかばしなんち》（日本橋と京橋の中間）に猿若座《さるわかざ》（のち中村座に改称）の櫓《やぐら》を上げた。その碑が建てられている。

この中村座のあとに市村座《いちむらざ》、森田《もりた》（のち守田）座《ざ》、山村座《やまむらざ》が続き、この四座が幕府公認の芝居小屋となった。

江戸三座跡

※浅草猿若町碑

❖東京都台東区浅草6―19―4

※江戸猿若町市村座跡

❖東京都台東区浅草6―18―13

※江戸猿若町守田座跡

❖東京都台東区浅草6―26―11

　正徳四（一七一四）年、江戸四座のうち、山村座が「江島生島《えじまいくしま》事件」の罪で官許を没収され、廃座となった。その後、天保十二（一八四一）年、老中・水野忠邦《みずのただくに》の天保改革で江戸市中にあった三座の芝居小屋は風紀を乱すという理由で、猿若町と呼ばれる一帯にまとめられた。現在の台東区浅草六丁目一帯に、その碑が点在し、往時を偲《しの》ばせている。

市村座跡碑

❖東京都台東区台東1―5

　江戸三座のひとつ市村座は、明治二十五（一八九二）年それまでの猿若町から下谷二長町《したやにちょうまち》に移転。そして、大正年間には当時若手人気俳優だった六代目尾上菊五郎と初代吉右衛門の「菊吉時代」に全盛を迎えた。だが、昭和七（一九三二）年の楽屋からの火事で焼失。以後、再建されず、江戸は寛永年間から櫓を上げ続けた市村座の歴史は終焉《しゅうえん》を迎えた。

宮戸座跡碑

❖東京都台東区浅草3－22－23

二代目市川猿之助はじめ、多くの若手が出演し、修業した宮戸座の跡地に小さな碑が建っている。宮戸座は明治二十九（一八九六）年から昭和十二（一九三七）年まであった小さな劇場で、この舞台からのちに名優になった俳優たちを輩出したことで「出世小屋」と呼ばれたという。

河竹黙阿弥顕彰碑

❖東京都台東区浅草2－3－1　浅草神社内

河竹黙阿弥《かわたけもくあみ》は文化十三（一八一六）年、江戸日本橋に商家の長男として生まれた。二十歳の時に、五代目鶴屋南北《つるやなんぼく》の門下に入り、座付作者として修業。作者生活五十余年。作品数は三百五十作を超え、数々の名作がある。作家になってから長く浅草寺境内の正智院《せいちいん》地内に居を構え、四十年間、創作活動をつづけ、歌舞伎の発展に寄与したことから顕彰碑が建てられた。

黙阿弥は浅草寺境内に居を構えていた

河竹黙阿弥終焉の地碑

❖東京都墨田区亀沢2－11－11

黙阿弥は長年浅草に住んでいたが、明治二十（一八八七）年、区画整理のため本所双葉町に転居、そして六年ほど住んだあと、この地で亡くなった。

亀沢二丁目から北斎《ほくさい》通り、区役所通りに入り、約十メートルのところ。住居跡の碑の脇に立って、まだ馬車が走る往時の東京を偲んでみるといい。

河竹黙阿弥の墓

❖東京都中野区上高田1−2−7　源通寺

黙阿弥は、明治二十六（一八九三）年一月二十二日、本所双葉町で没。享年七十六。

その墓は、源通寺《げんつうじ》の本堂裏手の墓所入口にある。墓石には「二世河竹新七事河竹黙阿弥」と彫られ、ひ孫の演劇評論家・河竹登志夫《としお》が書いた碑が建っている。

鶴屋南北の墓

❖東京都墨田区業平2−14−9　春慶寺

歌舞伎の歴史を語る時、欠かせない偉大な作者、四代目鶴屋南北《つるやなんぼく》の墓が意外にも、現代を代表するスカイツリーの近くの寺にある。

南北は、文政十二（一八二九）年十一月二十七日に亡くなり、翌年一月十三日にこの春慶寺《しゅんけいじ》で盛大な葬儀が行われた。その日は、深川の自宅からこの寺まで一里の道を裃《かみしも》をつけた歌舞伎役者たちが列をなして歩いていたといわれている。

勘亭流元祖岡崎屋勘六の墓

❖東京都台東区西浅草1−7−19　清光寺

いま、歌舞伎文字は「勘亭流《かんていりゅう》」といわれる書き方で統一されている。これは、安永八（一七七九）年に中村座新春狂言の看板が評判を呼んだ岡崎屋勘六《おかざきやかんろく》による書体で、以後芝居文字は彼の書いたものでなければならないということになった。いまでも続く勘亭流の開祖の墓がここにある。

役者寺

❖東京都江戸川区瑞江4−11−5　大雲寺

それではいい機会だから、もうひとつ、歌舞伎の歴史に興味のある人にはお参りする価値のある寺を紹介しておこう。大雲寺《だいうんじ》である。住宅街の一角に寺があり、境内には、多くの歌舞伎役者の墓があり「役者寺」と呼ばれている。回ってみると、さまざまな墓がある。
　ちなみに、この寺にある歌舞伎役者に関係する墓は次の通りである。

- 市村羽左衛門《いちむらうざえもん》累代墓（初代より十七代合葬）
- 坂東彦三郎《ばんどうひこさぶろう》家墓（三代より七代まで合葬）
- 三代坂東彦三郎家墓
- 初代尾上菊五郎供養碑
- 寺島《てらしま》家門弟一同建立碑
- 寺島家門弟代々の墓
- 瀬川菊之丞《せがわきくのじょう》累代の墓（初代より六代合葬）
- 松本幸四郎《まつもとこうしろう》累代の墓（四代より六代合葬）
- 中村勘三郎累代の墓（初代より十三代合葬）
- 三代中村勘三郎墓

演劇博物館

❖東京都新宿区西早稲田1−6−1　早稲田大学構内

　日本で唯一、演劇を専門的に扱う博物館で、昭和三（一九二八）年設立された。建物は、十六世紀に存在したイギリスの劇場フォーチュン座を模して設計されている。

　歌舞伎関係では、四万枚に及ぶ役者絵をはじめとして、絵馬、歌舞伎台本、衣装、小道具などが保存され、企画展、歌舞伎役者の講演会などが毎年行われている。

　時間があれば、ぜひ訪れてみたい博物館だ。

主要参考文献

「名作歌舞伎全集」（郡司正勝・戸板康二・河竹登志夫ほか監修　東京創元社）
「黙阿彌名作選」（河竹繁俊校訂　創元社）
「東海道四谷怪談　新潮日本古典集成」（郡司正勝校注　新潮社）
「歌舞伎年表」（伊原敏郎著　河竹繁俊・吉田暎二校訂　岩波書店）
「東都芝居風土記」（矢野誠一著　向陽書房）
「勘九郎芝居ばなし」（中村勘九郎著　朝日新聞社）
「勘九郎ぶらり旅」（中村勘九郎著　集英社）
「歌舞伎名セリフ集」（永山武臣監修　新潮社）
「新版　歌舞伎手帖」（渡辺保著　講談社）
「千本桜」（渡辺保著　東京書籍）
「歌舞伎と吉原」（郡司正勝著　淡路書房）
「図説　浮世絵に見る江戸吉原」（佐藤要人監修　藤原千重子編　河出書房新社）

著者略歴

小田豊二（おだ・とよじ）

一九四五年、旧満州ハルビン生まれ。早稲田大学第一政経学部卒業。出版社、デザイン会社勤務を経て、井上ひさし氏率いる劇団「こまつ座」創立に参加。機関誌「ｔｈｅ座」元編集長。著書に『フォートンの国』（そしえて）、『聞く技術・書く技術』（ＰＨＰ研究所）、『日曜日のハローワーク』（東京書籍）、『鉱山のビッグバンド』『初代「君が代」』（以上白水社）など。聞き書き作品に『勘九郎芝居ばなし』（朝日新聞社）、『のり平のパーッといきましょう』（小学館）、『どこかで誰かが見ていてくれる　日本一の斬られ役・福本清三』（集英社）など。

タムラフキコ

長野県飯田市生まれ。京友禅工房、アニメーション背景会社などを経て、安西水丸氏にイラストレーションを師事。二〇〇六年より書籍・雑誌・広告などで活動を始める。書籍装画に『少年譜』（伊集院静、文藝春秋）、『自分なくしの旅』（みうらじゅん、幻冬舎）、『夏の果て』（岡康道、小学館）、『たんぽぽ団地』（重松清、新潮社）など、児童書の絵に『ともだちは、サティー！』（大塚篤子、小峰書店）、『夜間中学へようこそ』（山本悦子、岩崎書店）、『5分間だけの彼氏』（日本児童文学者協会編、偕成社）他多数ある。

歌《か》舞《ぶ》伎《き》さんぽ

二〇一九年九月十日　第一刷発行

◆文　小田豊二
◆絵　タムラフキコ

◆発行者　富澤凡子
◆発行所　柏書房　株式会社
〒一一三-〇〇三三　東京都文京区本郷二-十五-十三
電話（〇三）三八三〇-一八九一［営業］
（〇三）三八三〇-一八九四［編集］

◆デザイン　大野鶴子（クリエイティブ・サノ・ジャパン）
◆DTP　有限会社クリエイティブ・サノ・ジャパン
◆編集協力　有限会社海風社／今橋　昇

◆印刷　萩原印刷　株式会社
◆製本　株式会社　ブックアート

ISBN978-4-7601-5101-1